Empresa Familiar

Construindo equipes
vencedoras
na família empresária

CB002660

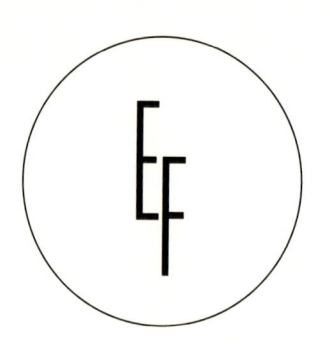

Eduardo Najjar

Empresa Familiar

Construindo equipes vencedoras na família empresária

INTEGRARE

EDITORA

Publisher
Maurício Machado

Supervisora editorial
Luciana M. Tiba

Assistente editorial
Deborah Mattos

Produção editorial e diagramação
Crayon Editorial

Preparação de texto
Bárbara Borges

Revisão
Betina Leme
Marisa Rosa Teixeira

Capa e projeto gráfico
Alberto Mateus

Dados Internacionais de Catalogação na Publicação (CIP)
(Câmara Brasileira do Livro, SP, Brasil)

Najjar, Eduardo
Empresa familiar : construindo equipes vencedoras na família
empresária / Eduardo Najjar. -- São Paulo : Integrare Editora, 2011.

ISBN 978-85-99362-73-0

1. Empresas familiares 2. Empresas familiares - Brasil
3. Empresas familiares - Administração I. Título.

11-09794   CDD-658.045

Índices para catálogo sistemático:

1. Empresas familiares : Administração
658.045

Todos os direitos reservados à INTEGRARE EDITORA E LIVRARIA LTDA.
Rua Tabapuã, 1123, 7º andar, conj. 71/74
CEP 04533-014 – São Paulo – SP – Brasil
Tel. (55) (11) 3562-8590
Visite nosso site: www.integrareeditora.com.br

Sumário

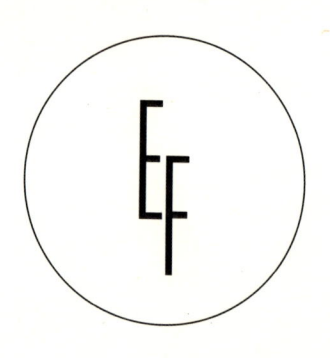

Prefácio

ENCONTRAR, HOJE, um profissional que reúna alta qualificação em determinado tema e que tenha, ao mesmo tempo, visão ampla e sistêmica, associada a uma base filosófica, espiritual e humanística é uma tarefa das mais difíceis. Pois tenho o prazer de apresentar a você, leitor, uma pessoa que reúne esse conjunto de competências – o professor, consultor e autor Eduardo Najjar.

Ele consegue, neste livro, uma síntese também rara de obter. Normalmente, o tema da empresa familiar é tratado sob a ótica dos negócios ou sob a perspectiva da família. Este livro consegue com maestria nos colocar diante do grande dilema dos negócios familiares: devo tomar decisões com base no *business*, optar pelo que é melhor para a empresa ou devo privilegiar a dimensão e os aspectos emocionais envolvidos em lidar com familiares? O autor aborda as duas faces do mesmo desafio apresentando casos com situações do mundo real de forma agradável e instigante, provocando a nossa reflexão.

Após vários anos dedicados ao ensino em reputadas escolas de administração, Najjar tem se dedicado ao tema da família empresária, indo muito além da empresa familiar. Tornou-se referência no Brasil e no exterior para aconselhar patriarcas e matriarcas, assim como orientar herdeiros a encontrar o equilíbrio necessário que leve a um maior grau de sucesso e resultados nos negócios, preservando a harmonia familiar e conseguindo obter maior felicidade em casa, sem destruir o negócio.

O livro trata da família e do mundo dos negócios, da razão e da emoção, dos naturais conflitos de papéis que surgem na dinâmica do dia a dia, da comunicação entre pessoas que vivem sob o mesmo teto e também nas salas da empresa. E como não poderia deixar de ser, aborda de frente o verdadeiro calcanhar de Aquiles das empresas: a sucessão.

Como identificar, desenvolver e engajar novos líderes, substitutos e sucessores na família? Como fazer tudo isso se o melhor caminho é a profissionalização da empresa e a retirada dos familiares da gestão? Como separar patrimônio de gestão? Como estruturar a governança de uma empresa familiar?

Além de provocar a reflexão sobre essas questões e dar algumas pistas para o encaminhamento das soluções para esses dilemas, a segunda parte do livro nos traz um rico e interessante conjunto de histórias reais da vida de empresas familiares, comentando vários casos com tom bem-humorado e sem perder a profundidade.

Já comecei a usar na prática o conteúdo deste livro, mesmo antes de ser publicado. Determinado cliente meu, um jovem de 32 anos foi nomeado diretor-presidente de uma empresa de porte relevante, com faturamento superior a R$ 1 bilhão e com cerca de quinhentos colaboradores. Ligou-me, na véspera da sua primeira reunião com o Conselho de Administração da empresa, para perguntar como deveria tratar o presidente do conselho: "Neste caso, chamo ele de *meu pai* ou de *senhor presidente*?".

Não sei que resposta você daria, caro leitor, mas a minha foi rápida: disse que mandaria um *motoboy* entregar a ele, em minutos, uma cópia dos originais do livro do Eduardo Najjar, ainda não publicado, aconselhando-o a ler naquela noite.

Desculpe, Eduardo, por ter utilizado os originais do livro sem sua autorização. Mas suas ideias fizeram um enorme bem àqueles pai e filho.

Você, leitor, que agora tem este livro em mãos, aproveite-o bem. Saboreie cada capítulo. Vá refletindo, tirando suas próprias conclusões. Convide seus familiares a ler o livro. Discuta, questione, mande um e-mail para o Eduardo Najjar contando o seu caso, as situações e dilemas em que vive, pois certamente ele vai respondê-lo. Um segredo: Eduardo Najjar é movido à paixão pelo que faz!

CÉSAR SOUZA
Presidente da Empreenda Consultoria, consultor e autor

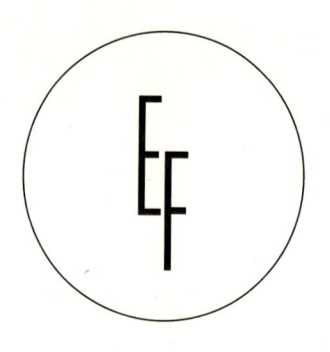

Introdução

VOCÊ ARRISCARIA INVESTIR a maior parte de seu patrimônio pessoal, construído à custa de muito esforço por décadas, em um negócio que o obrigaria a fazer escolhas que poderiam conflitar com seus princípios?

Não responda ainda.

Vou listar alguns aspectos antagônicos muito comuns na gestão de uma empresa familiar, para apoiar sua reflexão e facilitar sua decisão.

1 Exercício do amor paternal-maternal de um chefe pelo subordinado imediato *versus* aplicação dos princípios da hierarquia.

2 Contratação de membros da família para trabalhar em seus negócios *versus* aplicação dos princípios eficazes da administração.

3 Colocação de familiares em postos-chave da empresa, sem importar o nível de competência profissional, *versus* necessidade de constante melhoria de processos, baixos custos de operação, agilidade na tomada de decisão e mercados que competem acirradamente por eficiência e eficácia.

4   Imagem de um faturamento milionário (muitos familiares não entendem que ele é apenas um indicador, que não reflete o resultado real da empresa) *versus* pedido de um familiar próximo – irmão, irmã, sobrinho, sobrinha, tio, tia – por uma quantia em dinheiro para uma "causa justíssima" (do ponto de vista do familiar).

5   Predomínio da emoção nas principais tomadas de decisão *versus* uso da racionalidade, exigida pelo mundo dos negócios e pelo mercado.

6   Vivência dos princípios de amor e fraternidade entre seres humanos *versus* incentivo à competição entre funcionários, com o objetivo de conseguir atingir as metas que levarão a empresa ao sucesso no mercado.

7   Olhar complacente do líder diante de uma falha ou erro *versus* necessidade de uma ação imediata, às vezes uma repreensão e até a demissão, para evitar que a falha se repita.

8   Compreensão humana levada ao extremo no ambiente de trabalho *versus* necessidade de aplicar uma punição exemplar por um erro causador de enorme prejuízo a um dos mais importantes clientes da empresa.

9 Subordinação do ambiente da empresa ao "humor" de seus principais gestores *versus* necessidade de retenção dos melhores talentos do mercado em posições-chave da estrutura da empresa.

10 Solidariedade pela causa "perdida" de um ou mais familiares *versus* competição acirrada em mercados regionais, nacionais e mundiais.

A forma como você tomará a decisão é a origem do tema deste livro: a *empresa familiar*. Esse tipo de empresa é uma estrutura milenar de organização, responsável por milhões de postos de trabalho em todo o mundo, que pode ser estudada por postulados gerenciais e disciplinas acadêmicas como a psicologia, a sociologia, a antropologia e a administração de empresas. Seu fundamento principal é a união de valores regidos por forças antagônicas:

A família

O mundo
dos negócios

Razão e emoção

A EMPRESA FAMILIAR EM GERAL convive com o antagonismo entre razão e emoção, do mundo dos negócios e da família. Este livro é um manual para que membros de famílias que controlam o capital de empresas familiares, aqui denominadas *famílias empresárias*, aprendam a agir para superar essas forças antagônicas com o objetivo de preservar o patrimônio da família.

Não raro ouço dúvidas de pais, mães, filhos e sobrinhos quanto à sua relação com a empresa da família, com um familiar que exerce a liderança dirigindo a família, e com parentes que se comportam de forma diferente do esperado no tratamento do patrimônio e do negócio.

Ao longo dos próximos capítulos descrevo os dilemas dos membros de famílias empresárias e apresento algumas das

E se eu não quiser trabalhar na empresa de meu pai?

•

Meu irmão ganhou um aumento de salário só porque se casou. Eu não mereço o mesmo aumento só porque sou solteira?

observações que faço, quando consultado por pais, mães, filhos e funcionários de empresas familiares.

A maioria dessas situações foi vivenciada por mim no dia a dia de meu trabalho e outras baseiam-se em lições que aprendi com a experiência de especialistas.

Ao apresentar essas situações, pretendo demonstrar que *todas* as empresas familiares têm problemas, mostrar que a raiz da maior parte desses conflitos é o comportamento e a atitude dos membros da família empresária e indicar as inúmeras formas de solucionar essas situações.

A perpetuação da empresa familiar, assim como a transição de seu controle de uma geração para a próxima, depende, decisivamente, da harmonia entre os membros da família. As famílias que alcançam essa meta são as que conseguem identificar e trabalhar os conflitos inerentes à convivência dos familiares em torno do patrimônio.

Ao longo deste livro divido com o leitor frases colhidas no mundo real durante os vários anos em que tenho trabalhado com empresas familiares. As questões que elas levantam possibilitam fazer um mapa dos principais dilemas e desafios emocionais de grande parte das famílias. Tais dilemas, quando tratados com proatividade e sem preconceitos, causam efeito positivo na relação entre os familiares. Harmonia é a matéria-prima para que a empresa familiar tenha uma previsão de futuro em águas calmas, quanto à proteção e perenidade de seu patrimônio.

*Meus filhos são boas pessoas,
confiáveis, muito bem-
-formados. Tomara que
saibam me substituir
na hora certa...*

•

*Meus filhos se dão muito bem!
Conheço-os como a palma de
minha mão. Nunca vão brigar,
principalmente por causa da
empresa! Não dariam esse
desgosto para a mãe deles!*

•

*Qual o salário de mercado
para uma pessoa que exerce
minhas funções em uma
empresa não familiar?*

Capítulo 1

Empresa familiar: uma organização forte

E statísticas apontam o alto grau de mortalidade das empresas familiares: em todo o mundo, somente 15% das famílias empresárias conseguem passar o patrimônio para a terceira geração – um número preocupante, principalmente quando verificamos que a razão predominante desse índice são os conflitos familiares que, em geral, não são resolvidos adequadamente.

Uma discussão entre dois familiares na festa de aniversário de um recém-chegado à família pode provocar, a médio prazo, o fim de um negócio familiar construído por décadas de muito trabalho e esforço.

O Quadro 1.1 faz um comparativo das diferenças entre empresas familiares e não familiares. Algumas delas, quando não respeitadas, são a provável causa do índice de mortalidade das empresas, uma vez que as questões familiares podem atrapalhar o crescimento e o fortalecimento de uma empresa.

Quadro 1.1
Comparativo: empresas familiares e empresas não familiares

EMPRESA FAMILIAR	EMPRESA NÃO FAMILIAR
O objetivo é a continuidade.	O objetivo é a maximização do valor das ações, a curto prazo.
A meta é a conservação dos ativos e do prestígio da família controladora.	A meta é a satisfação das expectativas dos acionistas.
A crença fundamental é de que é prioridade proteger a empresa dos riscos.	A crença fundamental é de que um risco maior promete rendimentos maiores.
A orientação estratégica é a adaptação.	A orientação estratégica é o crescimento constante.
Os interessados mais importantes são os clientes e os funcionários.	Os interessados mais importantes são os acionistas e os gestores.
A empresa enxerga-se como uma instituição social.	A empresa enxerga-se como um ativo descartável.
A liderança é a administração.	A liderança é o carisma pessoal.

Relações interpessoais

NA EMPRESA FAMILIAR, a manutenção da harmonia nas relações interpessoais é estratégica. Dependendo da qualidade das relações e do grau de convivência harmoniosa entre os familiares, o patrimônio tem maior ou menor chance de se perpetuar.

Em geral, cada membro da família empresária exerce um papel determinante na harmonia necessária. Invasão de espaço, paternalismo e ausência de visão para alcançar os objetivos da empresa podem ser fatais. Por conta disso, é aconselhável que cada um encontre e exerça seu papel com consciência, sempre visando à harmonia nos negócios.

Casais

Os cônjuges devem apoiar-se, assim como aos filhos, mas sem exagerar na emoção. Quando os filhos entram em conflito, o melhor a fazer é mediar os desentendimentos e trabalhar juntos, com objetivos comuns voltados aos resultados da empresa, mesmo que isso signifique contrariar a vontade de um ou mais filhos.

Mães

Se os filhos têm conflitos de opinião ou outros tipos de diferenças pessoais, as mães devem compreender que essa situação não é contra a lei nem os afastará do convívio familiar. Elas podem ajudá-los a solucionar os conflitos, porém sem deixar a emoção interferir, tanto quanto possível, e sem alimentar os conflitos entre eles.

Fundadores

Para os fundadores, o conselho essencial é: iniciem a discussão sobre a sucessão o mais rápido possível! É preciso vencer o

Meus filhos competem desde pequenos... Não é agora que vão mudar! O pior é que fazem isso na administração da empresa também!

•

Quando assumir a empresa, vou mudar tudo o que meu pai fez até hoje!

•

A única pessoa que consegue contestar meu marido aqui em casa sobre o que acontece na empresa sou eu, mesmo correndo o risco de abalar nosso casamento.

preconceito. Não se trata de falar sobre doenças e morte, mas sobre a continuidade e a modernização da empresa.

Uma sugestão é apresentar a seus herdeiros a história da criação da empresa. Ao contrário do que se pode imaginar, eles vão gostar bastante e aproveitar esse momento para aprender. Conhecer esse panorama, para muitos deles, pode ser a peça do quebra-cabeça que faltava para tomar consciência da importância do empreendimento familiar em suas vidas.

Os fundadores devem considerar a dedicação a outros projetos, além da empresa que criaram. No futuro, essa atitude vai facilitar o afastamento do poder, movimento essencial para abrir caminho ao surgimento de novos líderes na família e na empresa, possibilitando a modernização do modelo de gestão dos negócios.

Em relação aos filhos, os fundadores precisam ter consciência de que eles não nasceram para trabalhar exclusivamente na empresa da família. Incentivá-los a passar por experiências profissionais em outras empresas é uma fase importante do amadurecimento pessoal e profissional. Depois dessas experiências, duas situações podem acontecer: ou os filhos retornam para trabalhar na empresa familiar, trazendo importantes ensinamentos para os negócios, ou, escolhendo outra profissão, tornam-se bons acionistas, isto é, sócios felizes!

O fundador que espera que seus filhos o sucedam no comando da empresa precisa, desde cedo, evitar que eles cresçam com o sentimento de competição entre si. Como sócios, no futuro, terão de conviver com a composição de ideias e ideais. O melhor é acostumá-los, desde cedo, a conversar sobre assuntos difíceis e delicados sobre as relações familiares e societárias; que aprendam a negociar, fazer concessões e encontrar soluções em que prevaleça o coletivo acima do individual.

Por fim, precisam ter consciência de que a empresa não é exclusivamente deles, que ela pertence a todos os envolvidos na fundação (sócios) e seus herdeiros: filhos, sobrinhos e netos.

Filhos

Aos herdeiros de empresas familiares uma dica essencial é que iniciem sua vida profissional fora da empresa da família. Mas outras atitudes são fundamentais para fazer suas escolhas com consciência.

Em primeiro lugar, evitar que as emoções e os eventuais desentendimentos entre irmãos e com os pais pesem demais nas importantes decisões relacionadas à sua vida profissional. Para isso, é preciso investir tempo e boa vontade para conhecer as ideias, a forma de pensar e o caráter dos irmãos, tios e primos; eles são, em última análise, os sócios que serão herdados junto com a empresa.

Igualmente importante é interessar-se pela empresa da família, mesmo que não esteja trabalhando nela: entender sua história, saber como conquistou espaço no mercado, quais negócios realizou e realiza, como planeja seu futuro, como foram os momentos de crise e os tempos de crescimento. Esse entendimento ajudará a formar um cenário completo dos negócios, visão crucial para as decisões futuras e para as questões societárias. Os herdeiros precisam aprender o significado da empresa para a família, para o mercado e saber atuar no papel de sócio.

Preocupa-me o que será da empresa e se a amizade entre meus filhos continuará quando eu e meu marido não estivermos mais entre eles.

•

Meus irmãos também trabalham na empresa da família. O problema é que não consigo enxergá-los como meus futuros sócios!

Caso um herdeiro receba um convite formal para trabalhar na empresa da família, deve analisar com objetividade a melhor forma de fazê-lo. Para tomar essa decisão, além de todo o conhecimento da empresa, de seus sócios e do preparo em gestão de negócios, ele pode buscar conselhos com pessoas não envolvidas nos negócios de sua família. Por outro lado, alguns herdeiros tentam forçar sua presença nos negócios, o que não é recomendável, principalmente se a decisão de não contratar familiares fizer parte das regras instituídas.

Em relação aos conflitos familiares, é sempre melhor tirá-los de "debaixo do tapete" e trabalhar tecnicamente por uma solução. Um especialista no assunto pode ajudar a encontrar o melhor caminho. O herdeiro que se sentir à vontade pode ajudar seus parentes mais próximos a solucionar eventuais conflitos familiares, sem se deixar envolver pela emoção.

E, por fim: aconselho aos filhos e herdeiros que não se sirvam da empresa da família; pelo contrário, que procurem sempre servi-la. Na maioria das vezes, ela é a "galinha dos ovos de ouro", mas os planos podem falhar caso ocorram problemas na gestão do negócio e da família.

Demais membros da família empresária

Aos demais membros da família empresária, sugiro que tenham calma e não façam pressões desnecessárias sobre seus parentes. É importante aprender a atuar como sócios do patrimônio da família, conhecer melhor a empresa e aprender a negociar visando ao melhor para o coletivo ("ganha-ganha"), mesmo que algumas individualidades sejam eventualmente prejudicadas.

Quem coleciona mágoas em questões familiares não encontra lucidez para conversar, tomar decisões e tratar objetivamente de suas dúvidas, incertezas e opiniões quanto ao patrimônio familiar. Dessa forma, todos precisam se esforçar para esclarecer situações de conflito que envolvam os membros da família.

CASE

Família empresária, missão e legado

O TEMA DA DISCUSSÃO entre Nelson, seu pai e seus dois tios (sócios-fundadores da empresa, juntamente com o pai de Nelson) são as características da gestão da primeira geração na empresa da família.

Nelson, publicitário formado há quatro anos, com vivência no exterior e pequena experiência profissional no Brasil, sente que a excessiva centralização administrativa dos fundadores (primeira geração) e o descrédito a que reduzem sua posição na busca de soluções para os principais desafios da empresa diminuem sua motivação para contribuir com a melhoria da gestão dos negócios. Nelson afirma que sente falta de apoio dos fundadores.

Outro dia, fazendo uma conta rápida, chegou à conclusão de que, aos 29 anos, era um dos sete membros da família responsáveis por, aproximadamente, 3,5 mil pessoas. Se isso o motiva pelo desafio, por outro lado faz que enxergue o longo embate que terá com os fundadores para conseguir maior autonomia na tomada de decisões e no processo de influenciá-los[1]. ■

LIÇÕES APRENDIDAS

O número calculado por Nelson reflete o tamanho da responsabilidade que pesa sobre o trabalho dos membros da família. No entanto, ele não consegue sensibilizar os fundadores para esse fato. Ao iniciar uma conversa com eles, recebe um corte com a frase: "O melhor que temos a fazer é continuar a trabalhar como sempre fizemos!"

Nelson insiste em discutir esse ponto por entender que, pelo trabalho árduo dos fundadores ao longo de décadas, a empresa criou um *legado* para as famílias dos fundadores, para as inúmeras famílias cujo trabalho e negócios estão relacionados com a empresa e para a sociedade como um todo.

O legado para as famílias dos fundadores da empresa é tão importante quanto a herança. Estende-se além do

---

[1] Para chegar a esse número e essa conclusão, Nelson fez o seguinte cálculo: $\Omega = (A \times 4) + [B + (C \times 4)] + (D \times 4)$, em que: A = número de funcionários da empresa; B = número de fornecedores da empresa; C = número de funcionários das empresas dos fornecedores; D = número de famílias consumidoras dos produtos ou serviços oferecidos pela empresa da família ao mercado; 4 = número médio de pessoas que compõem as famílias; Ω = número aproximado de pessoas que dependem do grupo de familiares responsáveis pela gestão da empresa familiar.

patrimônio financeiro gerado pelos resultados da empresa ao longo dos anos. Esse assunto deve ser apresentado às famílias enquanto representantes de diversas gerações ainda estiverem presentes, saudáveis e ativos.

Decorrente do legado, a *missão* das famílias fundadoras da empresa é outro assunto que deve ser debatido com todos os familiares. Conhecendo a missão, eles terão maior facilidade de entender o importante papel de cada um na manutenção do patrimônio através das gerações. A missão da empresa da família de Nelson poderia ser algo como:

Administrar adequadamente os negócios da família, zelando por seu desenvolvimento, gerando e mantendo empregos, desenvolvendo outras empresas e implementando práticas de responsabilidade social.[2]

A principal tarefa da família empresária é manter objetivos comuns em torno do patrimônio. O principal desafio da empresa familiar é manter-se competitiva ao longo do tempo e das gerações.

---

[2] Pode ser traduzido por um nível especial de responsabilidade, relacionada ao desenvolvimento de riqueza para pessoas (familiares), comunidades, instituições, empresas fornecedoras e mercados.

Quadro 1.2
Desafios, pontos fortes e vulnerabilidades da empresa familiar

DESAFIOS

Manter-se competitiva.

Mesclar aspectos familiares com profissionalismo.

Manter o controle familiar do negócio.

Perpetuar o sucesso da família ao longo das gerações.

Fazer a transição na gestão e na sociedade.

PONTOS FORTES

União da família a longo prazo.

Grupo de acionistas estável, fiel e leal.

Manutenção, com perspectiva de longo prazo, do planejamento, dos investimentos e do relacionamento com o mercado. Manutenção de níveis de excelência com padrão mundial em sua gestão.

Comportamento ético como sua marca principal.

Incentivo ao desenvolvimento de novos produtos e serviços e à inovação.

Atração e, em muitos casos, retenção de talentos em sua estrutura.

Orgulho de acionistas e funcionários diante de seu sucesso.

Necessidades do negócio (do coletivo) colocadas acima de interesses pessoais por acionistas e familiares.

VULNERABILIDADES

Baixo reinvestimento do resultado no negócio.

Lealdade exagerada a produtos, serviços e tecnologias ultrapassados, mas tradicionais na família.

Controle como foco preponderante da empresa.

Em algumas empresas, dificuldade para atrair e manter talentos.

Estagnação e descuido em relação à estratégia empresarial.

Não aplicação da visão grande-angular na estratégia da empresa.

Conflitos familiares destrutivos.

Falta de reconhecimento e de superação de conflitos.

Longos mandatos de liderança.

Ausência de disciplina no grupo de acionistas e/ou familiares-gestores.

Soberba.

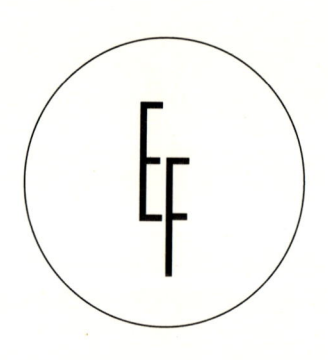

Capítulo 2

Conflitos na família empresária

Em geral, o conflito surge na vida do ser humano quando ele tem de escolher entre situações antagônicas. É um fenômeno subjetivo, muitas vezes inconsciente ou de difícil percepção. As situações de conflito podem ser resultado da concorrência de respostas incompatíveis, ou seja, um choque de motivos ou informações desencontradas.

O psicólogo alemão Kurt Lewin define o conflito no indivíduo como

> a convergência de forças de sentidos opostos e igual intensidade, que surge quando existe atração por duas valências positivas, mas opostas (como o desejo de assistir a uma peça

de teatro e a um filme exibidos no mesmo horário e em locais diferentes); ou duas valências negativas (enfrentar uma operação ou ter o estado de saúde agravado); ou uma positiva e outra negativa, ambas na mesma direção (o desejo de pedir aumento salarial e o medo de ser demitido por isso).[3]

O conflito de ideias e opiniões é saudável na relação entre as pessoas, na família e na empresa. Porém, deixa de ser saudável quando as pessoas envolvidas fazem dele uma arma para tentar destruir o outro. Infelizmente, é comum verificar esse tipo de conflito nas famílias empresárias.

Engana-se quem pensa que o conflito surge apenas nas grandes questões. Frequentemente é fruto de pequenas diferenças de posicionamento pessoal ou enganos de interpretação de situações que não representam uma grande ofensa ou um modo de pensar. No caso da família empresária, é importante que seus membros estejam dispostos a enfrentar o processo de diagnóstico e solução dos conflitos que, eventualmente, surjam entre eles.

Solucionando conflitos entre membros da família empresária

PARA SOLUCIONAR UM CONFLITO é necessário criar um vínculo com a outra parte, entender suas raízes e sua natureza. Com base na

---

[3] LEWIN, Kurt. *Problemas de dinâmica de grupo*. São Paulo: Cultrix, 1970.

minha experiência em casos bem-sucedidos de conflitos, sugiro, a seguir, seis passos para um processo de apoio à criação de um ambiente favorável para a solução.

1 Separar o familiar do problema

A controvérsia só pode ser resolvida se houver respeito entre os familiares envolvidos no conflito. Culpar terceiros não resolverá a questão, mas poderá favorecer a perda de controle do processo. Da mesma forma, culpar um familiar envolvido na questão colocará a pessoa na defensiva, precipitando ataques como resposta às acusações e aumentando a intensidade do conflito.

2 Criar uma nova atitude mental

A atitude mental com que se aborda a situação conflituosa pode alterar o resultado de uma discussão. Esforçar-se ao máximo para entender o conflito como uma situação nem positiva nem negativa, mas como uma manifestação de diferenças, é muito produtivo.

3 Dialogar com respeito mútuo

É importante que o familiar demonstre respeito e trate o outro como deseja ser tratado. As pessoas conseguem ver as situações com clareza e atuam racionalmente quando se sentem respeitadas. Em geral, as conversas têm como expectativa que o outro entenda sua posição e simpatize com ela. Quando isso não acontece, cada familiar pode sentir-se decepcionado, o que gera raiva e aumenta as falhas de comunicação.

4 Estudar opções e propostas

Pensar e debater opções em conjunto deixando de lado a atenção demasiada às posições arraigadas de cada um.

5 Fazer concessões

Se um dos familiares faz uma concessão, mesmo pequena, o outro deve reconhecer e, se possível, recompensar a situação. As negociações com final positivo resolvem-se por meio de uma série de pequenos passos e sinais de aceitação mútua.

6 Manter a relação

Depois de alcançado o entendimento geral, é possível formar a base para um novo acordo. Se os membros da família possuírem uma forma de diálogo que permita maximizar o potencial de cada um, então o acordo pode tornar-se realidade. É importante comunicar aos demais membros da família quando um acordo é concretizado. O objetivo é criar uma cultura de aceitação da negociação e da administração de conflitos.

Solucionando conflitos

CADA FAMÍLIA EMPRESÁRIA encontra sua forma de minimizar e lidar com os conflitos. Como em geral os sócios têm um relacionamento íntimo, que envolve afetos, questões e preferências pessoais, as famílias precisam analisar sua atuação e procurar modelos para amadurecer e profissionalizar a relação de trabalho. As famílias que já encontraram o caminho procuram discutir as questões mais complicadas com bom-senso e racionalidade, o que leva a uma melhor resolução das discordâncias. Veja alguns exemplos a seguir:

1 A família de Dora criou uma regra: ninguém pode falar fora de sua vez na reunião semestral que a família realiza com o objetivo de informar a todos sobre o desempenho da empresa. O familiar que está com a palavra deve terminar seu raciocínio antes que outro membro da família comece a falar.

2 Antes de chegarem a uma forma estruturada de evitar o conflito, Júlio e Sandra sempre recorriam a um dos pais para buscar apoio ao seu argumento quando discutiam sobre procedimentos na empresa. Agora existe uma regra para resolver as discussões acaloradas entre os irmãos: os dois sentam-se para analisar objetivamente o problema até que a solução apareça. Há, porém, uma "válvula de escape": problemas não solucionados após duas horas de reunião são levados ao conhecimento do sr. Solano, gerente sênior da empresa, a quem os dois respeitam e em quem confiam.

3   Em uma família do Sul do Brasil, dois irmãos e um primo decidiram que suas discordâncias acerca de processos e procedimentos da empresa sempre serão resolvidas no escritório, entre eles. Antes dessa decisão, os três deixavam para conversar a respeito do ponto de discordância somente quando fosse possível, quando houvesse tempo. Na prática, cada um levava o assunto para discutir em sua residência (com os cônjuges), o que criava tensões desnecessárias entre familiares e não ajudava a solucionar o impasse.

CASE

Papéis vivenciados pela família empresária

PAI E FUNDADOR DA EMPRESA, ele reuniu a esposa, Odete, e os dois filhos para tratar de um assunto importante que, em algumas famílias, pode ser o início de uma guerra: a distribuição de cotas da empresa entre os filhos. O primogênito, Saulo, trabalha na empresa há três anos, e Marília trabalha em um banco de investimentos há cinco. Essa reunião também conta com a presença do advogado da família.

Iniciou a reunião, dirigindo-se aos filhos:

– Consultando minha atual e única sócia, decidi que já é tempo de vocês passarem a compor o quadro de cotistas da empresa. Juntos resolvemos que, neste momento, Saulo receberá 8% de participação na sociedade, tendo em vista a contribuição que já deu à empresa nos últimos três anos, e Marília receberá 5%. As cotas terão cláusula de usufruto para os atuais cotistas. Neste documento estão descritas as políticas de acesso às demais cotas, de acordo com a disponibilidade de cada um para trabalhar na empresa nos próximos anos. Gostaria de ouvir a opinião de vocês.

Os filhos, cada um a seu tempo, agradeceram, expressando a satisfação de receber participação nas cotas da empresa da família, e propuseram-se a conhecer melhor os deveres e direitos de um sócio para que pudessem contribuir para o crescimento do patrimônio. Marília falou de sua disposição de, em futuro breve, atender ao chamado do pai para trabalhar na empresa da família.

O fundador retomou a palavra.

– Sendo assim, terminamos a reunião de cotistas. O doutor Pedro tomará as providências burocráticas para que tudo fique registrado de acordo com a legislação. Estará à disposição de vocês para esclarecimentos adicionais, a qualquer momento.

Doutor Pedro acedeu, com um movimento de cabeça.

O fundador continuou:

– E agora, meus filhos, minha esposa e Pedro, meu amigo de muitas décadas, vamos comemorar, pois este é o primeiro passo do processo de sucessão que planejei, há anos, para nossa empresa! – celebrou, levantando-se e chamando a cozinheira. – Ângela! Traga o bolo de morango com chocolate que você fez especialmente para Saulo e Marília, que adoram seus doces! – E caminhou em direção aos filhos. – Deem-me cá um abraço apertado!

Dona Odete, emocionada, também abraçou os filhos.

LIÇÕES APRENDIDAS

CADA SER HUMANO exerce diversas funções na vida. Para desempenhá-las assume diferentes posturas, ou papéis, que facilitam e marcam o desempenho. Quando não consegue assumir determinado papel integralmente, surge a dificuldade de alcançar o resultado desejado. Assim acontece também com a família empresária e na empresa familiar. Os membros da família desempenham papéis que se sobrepõem. Pais, filhos, tios, primos, noras e genros assumem seus papéis como membros da família empresária, coproprietários do patrimônio da família e participantes da administração dos negócios em diferentes situações na empresa e na família. Veja a seguir três delas:

1 Membro da família empresária

- Não trabalha na empresa da família.
- Sua relação com a empresa é por um vínculo indireto.

Quando eu morrer, minha esposa e minhas filhas terão de negociar entre elas e meus sócios!

•

Tenho uma irmã, mas ela não quer saber da empresa da família.

- Participa de encontros familiares e, eventualmente, de atividades não administrativas da empresa (celebrações, por exemplo).
- Pode ter preocupações com a manutenção das relações de qualidade entre todos os familiares e de objetivos comuns entre eles.

2 Coproprietário do patrimônio da família (herdeiro, sócio ou futuro sócio)

- Interessa-se por maximizar seu capital investido nos negócios da família.
- Quer evitar ou reduzir a taxa de conflitos entre os sócios, herdeiros e parentes.
- Participa de disputas por poder nos negócios da família, com honestidade e transparência, servindo às vezes de mediador.
- Mantém-se bem informado para entender a posição dos demais sócios no que tange aos negócios da família.
- Age entre os sócios para que coloquem os interesses do grupo de familiares acima dos interesses pessoais.

3 Gestor familiar

- Tem experiência anterior em outras empresas que não sejam do grupo da família.

- Procura aprender sempre, desenvolvendo-se em sua área de interesse profissional, visando a desempenhar suas funções com a máxima efetividade possível.
- Busca trabalhar em equipe com os demais colaboradores, sejam membros da família ou não.
- Prepara-se para, a médio/longo prazo, ocupar posições estratégicas na estrutura da empresa, bem como na estrutura dos negócios da família.

A partir desses três papéis, poderão existir posições que mesclem ou aglutinem funções complementares

O que vai acontecer quando eu e sua mãe não estivermos mais entre vocês? Quem cuidará de seu irmão doente e dos interesses dele em relação ao patrimônio da família?

•

Às vezes penso que, pela forma como se comporta comigo, meu pai não deseja que eu cresça dentro da empresa.

•

Não serei feliz trabalhando com meu pai e meus irmãos. Quero seguir outra profissão.

(veja a Figura 2.1). É o caso de um membro da família que trabalha na empresa somando dois papéis.

Para que os membros da família empresária consigam exercer seus papéis de forma efetiva e tranquila, terão de praticá-los no dia a dia, visando a formar um conjunto harmonioso de familiares-sócios, como foi observado no *case*.

Figura 2.1 Empresa familiar

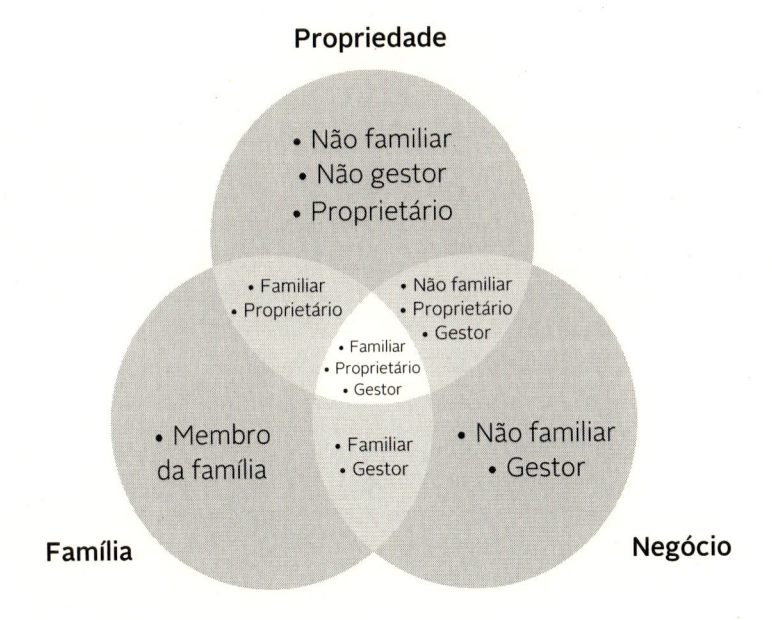

Fonte: Tagiuri e Davis, 1982.

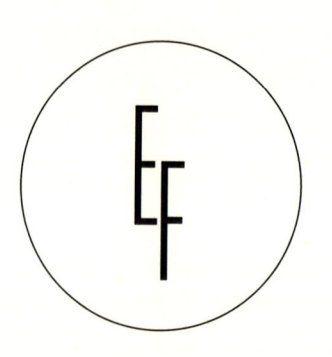

Capítulo 3

O processo de sucessão: novas lideranças

Por razões óbvias, na maior parte dos casos, o fundador e sua esposa são os líderes da família. Normalmente as reuniões festivas e as celebrações acontecem em sua residência ou em local por eles definido. Na falta de um deles ou de ambos, ou mesmo quando o casal entra em idade avançada, duas situações podem ocorrer: desagregação da família – situação que pode, inclusive, prejudicar a perenidade do patrimônio familiar – e emergência de uma nova liderança.

Há casos em que a nova liderança é formada por mais de um familiar. Não há regras para indicar o novo líder da família, nem um processo predefinido. Estarão em pauta a cultura familiar, os valores praticados pelos membros da família, o histórico de comportamento dos diversos núcleos familiares, os vínculos e a comunicação com os outros membros da família.

Sucessão na empresa

Pouco COMENTAREI a respeito do processo de escolha do novo sucessor por causa da imensa carga emotiva que esse assunto envolve e da informalidade dos fundadores no trato dessa questão. Por conta disso, muitos processos são definidos sem planejamento, na falta repentina do fundador ou dirigente.

É importante que a preparação do sucessor e a passagem do bastão para a segunda e a terceira gerações sejam planejadas e realizadas com base em técnicas de gestão. Na prática, em 99% dos casos o processo não tem formato técnico e segue caminhos nada ortodoxos.

Meu pai centralizou todas as decisões da empresa por mais de trinta anos. Agora ele está com Alzheimer. Eu tive de assumir os negócios da família!

•

Meu pai faleceu subitamente. Minha mãe, meus três irmãos e eu nos tornamos sócios da empresa. E agora? Não fomos preparados para assumir a empresa assim, de repente!

Suceder um líder que se perpetua na empresa por décadas e, como já foi dito, conduz a gestão com estilo paternalista, administrando os negócios com base em *feelings*, não é uma tarefa simples. Alguns funcionários que participaram da inauguração da empresa testemunharam o nascimento dos jovens que poderão vir a ser seu chefe. Dificilmente o sucessor herdará a legitimidade e a marca do sucedido diante do mercado em geral. Curiosamente, apesar das dificuldades e complicações, é para essa função que a maior parte das famílias prepara seus herdeiros.

O novo líder, certamente, promoverá mudanças na forma de administrar a empresa. Isso não agradará "a velha guarda" dos funcionários e, muitas vezes, também não fará sucesso entre os familiares que trabalham com ele.

Sucessão na propriedade

NOS CASOS EM QUE O FUNDADOR ou os fundadores da empresa são também os principais acionistas ou cotistas da sociedade, a posição de sócio passa quase despercebida no dia a dia dos negócios familiares. Porém, para os herdeiros, assumir e exercer a posição e o papel de sócio é uma conquista que pode ser alcançada até mesmo pelo familiar que não trabalha na empresa. Os herdeiros, ao contrário do que ocorreu com os fundadores, precisarão ser preparados para exercer esse papel. A sucessão, nesse aspecto, não é um processo com base técnica.

Quadro 3.1

Observações e senso comum a respeito do processo de sucessão

Pesquisa realizada pelo International Institute for Management Development (IMD), renomada escola internacional de negócios localizada em Lausanne, Suíça, concluiu que sucessores em empresas familiares são, geralmente, bons gestores, mas pouco desenvolvidos no comando de pessoas e como líderes familiares e sócios.

O processo de busca de nova liderança abala uma situação de equilíbrio construída ao longo de muitos anos para a maioria dos integrantes da família empresária, uma zona de conforto em que se sustentavam firmes, em que confiavam.

Sucessão significa continuidade.

Sucessão é o processo responsável pela perpetuação da empresa como um negócio economicamente viável. Não diz respeito apenas a quem ocupará a cadeira principal na empresa. Em muitos casos, para a sucessão do primeiro homem na estrutura da empresa, um profissional não familiar é a melhor pessoa para conquistá-la, desde que a família esteja preparada para essa mudança.

Sucessão não é um desafio pessoal, mas uma tarefa de planejamento coletivo em que o patrimônio deve ser focado sob a perspectiva de seu valor intrínseco, seu crescimento e sua perpetuação.

O momento da sucessão é uma oportunidade para mudanças, mas não garantia de melhoria. O processo de transição precisará ser muito bem dirigido para levar ganhos a todos os envolvidos e aos que dependem dos resultados que advirão das soluções adotadas.

Transições tendem a aumentar a taxa de ansiedade. Sucessão na empresa familiar triplica essa taxa.

Transições sucessórias bem-sucedidas não acontecem, na maioria dos casos, em função da morte ou do afastamento do fundador e dirigente familiar.

A maioria dos familiares envolvidos em um processo de transição desejaria uma solução prematura: ir diretamente para uma situação de aparente consenso, em vez de dedicar tempo suficiente para explorar alternativas e avaliar experiências.

Em um processo de mudança, escolhas prematuras não sustentam a pressão da implementação.

CASE

Sucessão na liderança da família

– MINHA FAMÍLIA ESTÁ buscando apoio profissional para um fato que aconteceu "de repente" em nossa empresa. Descobrimos não estar preparados para essa fase e precisamos, rapidamente, achar um novo caminho. Meu pai, fundador e condutor da Nova Odessa Engrenagens Industriais Ltda. por mais de 43 anos, está doente e teve diagnosticada uma grave moléstia.

Lá em casa, além de nossos pais, somos três irmãos. Todos são casados, com filhos ainda pequenos – o mais velho tem 12 anos. Nós nos dedicamos desde jovens aos negócios da família, com diferentes graus de interesse e competência. Eu atuo na área comercial e na coordenação geral da fábrica. Minha irmã mais velha trabalha na área financeira; a mais nova acumula funções em marketing e em recursos humanos.

Existem divergências de posição pessoal e profissional entre nós no que diz respeito à visão do futuro do negócio e ao posicionamento de cada um como sócio. Nossos pais não nos prepararam para essa fase de nossas vidas profissionais, e temo que os aspectos familiares e pessoais interfiram nas decisões que vão dirigir nosso patrimônio no futuro.

Por causa do quadro de saúde de meu pai e da não interferência de minha mãe nos negócios, vejo se aproximar o momento em que uma nova liderança deverá surgir na família e na empresa. Não sinto que nós, os irmãos, estejamos prontos para discutir e tomar essa decisão sozinhos. ■

LIÇÕES APRENDIDAS

O PROCESSO DE SUCESSÃO é uma fase delicada e desafiadora da continuidade dos negócios da família empresária. Por se tratar de um tema difícil de abordar, a tendência é que o fundador e a família adiem o encaminhamento da decisão.

Ele, "por ter coisas mais importantes para tratar"; os familiares, por não conseguirem acesso ao fundador para discutir um tema de tamanha relevância. Normalmente, cada membro da família tem em mente uma solução, mas, quase sempre, essas posições não são colocadas em discussão.

Um dos aspectos que tornam o processo de sucessão do fundador mais complexo é a cultura paternalista da empresa familiar, ou seja, o líder desempenha seu papel com forte centralização. A consequência natural de um sistema de gestão centralizado é a dificuldade de surgirem novas lideranças. Há um ditado que diz: "Sob a sombra de uma árvore frondosa não nasce nem mesmo a grama".

ACONTECE nas melhores FAMÍLIAS

Reconheço que 43 anos à frente de um negócio é muito tempo. Mas não vejo como meus filhos ou netos poderiam assumir minha posição hoje! Isto aqui é muito complicado!

CASE

Liderança

MINHA IRMÃ ASSUMIU a diretoria-geral da empresa de nossa família, o Instituto Marechal de Estudos Superiores, há dois anos, aproximadamente. Foi indicada por meu pai, por demonstrar competências de gestão superiores a nós três, seus irmãos. Inúmeras foram as pressões que venceu:

- Na família, por parte de meu irmão mais novo que almejava seu cargo.
- Na empresa, pois o responsável pela área comercial também desejava seu cargo.
- Na equipe de professores, que tinha inúmeras questões vindas da passagem de minha irmã pela diretoria acadêmica.
- Na instituição, por parte dos funcionários mais antigos, acostumados com a liderança paternalista de meu pai e descrentes das possibilidades e da competência dela, por ser uma mulher em posição de comando.

Com perspicácia e paciência, ela venceu grande parte das resistências, trouxe muitos de seus adversários para o seu lado (exceto nosso irmão mais novo) e, em minha opinião, vem conduzindo a instituição para um futuro seguro.

Mostrou competência na formação do time de gestores das principais áreas, sensibilidade no tratamento das questões que afligiam os funcionários (que meu pai abordava com paternalismo, ou seja, para cada caso uma forma diferente de solução), arrojo e visão estratégica nas relações com o mercado educacional regional. Está se tornando uma grata surpresa, uma liderança que nasceu inesperadamente para nós, mas, talvez, não para os olhos de águia do fundador. ■

LIÇÕES APRENDIDAS

LIDERANÇA É UM DOS TEMAS mais estudados e pesquisados nos últimos anos em todo o mundo, de acordo com pesquisa realizada pelo IMD[4]. A importância do tema não é menor nas empresas familiares.

A liderança na empresa familiar em geral é exercida em função do carisma do dono. Sua história de vida e sua saga na condução do negócio integram-se fortemente à cultura e ao ideário da empresa. Tal situação pode desestimular o surgimento de novas lideranças, pois esse movimento pode ser entendido pelos fundadores da empresa como um desafio à liderança instituída ou afrontamento aos padrões e paradigmas existentes.

Em um cenário como esse, o clima organizacional é inerte e desmotivador, os funcionários (familiares ou não) entram em um nível de zona de conforto profissional

---

[4] Pesquisa apresentada em evento realizado na FGV-SP em outubro de 2010.

desmesurada e a empresa corre o risco de perder bons talentos. Aspectos importantes para o aumento do resultado econômico-financeiro da empresa, como cooperação, visão de futuro, foco no cliente e inovação em produtos e serviços, ficam relegados a um segundo plano. A má notícia complementar a esse quadro é a forte concorrência mundial e a escassez de talentos, o que tem levado a uma acirrada disputa pela conquista de profissionais capacitados. No caso da família proprietária do Instituto Marechal de Estudos Superiores, a irmã demonstrou habilidades especiais para lidar com as resistências impostas pela estrutura. Ela conquistou, inclusive, uma situação que vem se tornando comum: a figura da mulher como gestora principal de um negócio, como executiva de comprovada competência.

CASE

Profissionalização da empresa familiar

A INDÚSTRIA DE FERTILIZANTES Nova Forma Ltda. é uma empresa situada na região Centro-Sul do Brasil, fundada há 27 anos por nosso irmão mais velho, Roger. Todos nós, seis irmãos, trabalhamos na Nova Forma desde a adolescência. Roger nos conduziu até aqui com "mão de ferro". Apesar de algumas críticas, concordamos ter sido uma forma muito acertada para fazer crescer o patrimônio da família e desenvolver-nos como profissionais.

No entanto, todos nós somos afetados pela implacável marcha do tempo. Roger tem nove anos a mais do que nossa segunda irmã, e ela tem cinco anos a mais do que o terceiro irmão. Os quatro mais novos têm quase dois anos de diferença de um para o outro. Há algum tempo estamos observando nosso irmão bastante desgastado física e mentalmente. A empresa de nossa família vem sendo administrada com métodos tradicionais que dão a sensação de segurança aos dirigentes.

Nas análises que fazemos sobre o mercado, fica demonstrado que ele está sendo disputado por novas empresas locais e até regionais. Nosso modelo de administração não nos permite responder a alguns dos desafios que essa nova concorrência nos impõe. Nós, os irmãos mais novos, avançamos um pouco mais nos estudos formais, mas, mesmo assim, não conseguimos visualizar um modo de sair da situação atual diante do mercado.

Ao lado desse desafio, recebemos, com alegria, a chegada da terceira geração da família à idade adulta. No entanto, tememos pelo resultado de alguns conflitos, cada vez mais frequentes, entre familiares-gestores e familiares que não trabalham na empresa. Por causa dessa situação, os irmãos mais novos criaram um grupo de estudos. Em nossas reuniões e na consulta a especialistas, chegamos à conclusão de que seria importante profissionalizarmos a empresa.

Levamos a ideia, com bastante tato, aos irmãos mais velhos. Após muita relutância, concordaram conosco e nos autorizaram a prosseguir com as sondagens a especialistas de mercado. Porém, após várias consultas, ainda não optamos pela melhor estratégia. A ideia que mais está tomando corpo é a contratação de gestores e especialistas de mercado para integrar a cúpula da empresa. Nosso prazo está chegando ao limite e deveremos tomar a decisão em breve. ■

ACONTECE
nas melhores
FAMÍLIAS

Estou com 65 anos. Pelo estatuto da empresa, é meu último ano à frente do negócio. Sinto-me muito bem, produtivo, realizado. Por que não posso continuar dirigindo o negócio que criei?

•

Nosso pai vai à empresa uma ou duas vezes por semana. Eu estou à frente da empresa, mas não posso tomar as decisões mais importantes sem a concordância dele e de minha mãe. Que situação!

LIÇÕES APRENDIDAS

PROFISSIONALIZAR A EMPRESA familiar passou a ser uma conduta para responder a alguns estigmas relacionados a ela que existem no mercado:

- A empresa familiar é pouco formal em seus processos.
- O nepotismo é ilimitado na empresa familiar.
- A estrutura de uma empresa familiar é frágil e está sujeita à interferência da família a qualquer momento, sem limites nem regras.
- A empresa familiar não oferece oportunidade para que um profissional talentoso trilhe uma carreira de sucesso.

Esses estigmas atingem os familiares-gestores, que reagem utilizando o termo "profissionalizar" como o remédio capaz de curar os males que atingem a empresa, por não saberem como enfrentar os problemas de sua gestão. As situações mais conflituosas que enfrentam são, quase sempre, originadas por questões entre familiares ou causadas pela atitude destes.

A profissionalização deve ser um dos itens da pauta das empresas familiares e das famílias empresárias. Porém, o início do processo deve envolver os membros da família com estratégias e iniciativas que os levem a modificar a forma de pensar as possibilidades e fragilidades da empresa familiar, quando atingida por conflitos familiares (veja o Quadro 3.2). Por meio desse trabalho, que deve ser profundo e qualificador, os membros da família empresária estarão aptos a apoiar o processo de profissionalização da estrutura da empresa.

Quadro 3.2
Profissionalização implica modificar a forma de pensar

DE	PARA
Enxergar a empresa como um problema.	Entender a importância da empresa para a família, para seus funcionários e para o mercado como um todo.
Servir-se da empresa.	Servir a empresa.
Trabalhar na empresa para "deixar o papai contente".	Dedicar à empresa os maiores esforços e competências.
Trabalhar na empresa da família por obrigação.	Trabalhar na empresa porque faz parte do meu planejamento de carreira.
Copiar de meu pai a forma de trabalhar na gestão da empresa.	Inovar e ousar dentro de parâmetros técnicos.
Fazer da empresa meu projeto de poder.	Fazer da empresa o orgulho da família.

Profissionalizar a estrutura da empresa familiar

A SEGUIR, algumas dicas para a família empresária que está passando por essa fase:

- Não apressar os resultados planejados para a profissionalização.
- Desenvolver práticas de gestão racionais, atualizadas e menos personalistas.
- Integrar as diversas áreas da empresa visando a aumentar a sinergia dos resultados dos trabalhos da estrutura.
- Implementar políticas e práticas de gestão de pessoas que permitam atrair e reter talentos em toda a organização.
- Qualificar o processo de recrutamento e contratação de profissionais com altos padrões de qualidade.
- Desenvolver o perfil gerencial dos funcionários-chave.
- Diagnosticar possíveis falhas e implementar melhorias contínuas dos processos.
- Determinar normas e procedimentos-padrão para processos-chave.
- Definir políticas administrativas.
- Incentivar, em todos os níveis, a delegação do poder.
- Substituir métodos intuitivos por processos eficazes.
- Abrir e manter arejados os canais internos de comunicação.
- Determinar o fim do nepotismo e formatos patriarcais de gestão.

Capítulo 4

Comunicação na empresa familiar

Assim como investidores no mercado imobiliário afirmam que a chave do sucesso para eles, no que diz respeito a imóveis, é "localização, localização, localização", acredito plenamente que a chave da harmonia de uma família empresária é "comunicação, comunicação, comunicação".

Especialistas que trabalham com famílias empresárias em vários países, com os quais tenho contato, são unânimes em afirmar que o fator de maior influência na manutenção da harmonia entre os membros da família empresária é a boa comunicação. É consenso, ainda, em nossas discussões e troca de experiências, que a má comunicação entre familiares baseia-se em três fatores primordiais: agendas ocultas, esperar muito para conversar sobre os

Em nossa família nunca soubemos da realidade da empresa porque meu marido não gostava de trazer problemas para dentro de casa.

•

Existe uma fórmula-padrão para distribuir o percentual de participação no capital da empresa entre meus três filhos?

•

Vou fazer coaching *de carreira. Apesar de ter 25 anos, trabalho com meu pai desde os 16 e, agora, não sei qual rumo devo dar à minha carreira.*

conflitos e pensar que determinado assunto é tão carregado de emoções que será impossível conversar racionalmente a seu respeito.

1 Agendas ocultas

Alguns pais não tocam no assunto da empresa com seus filhos porque não têm a mínima intenção de entregar os negócios da família nas mãos deles, nem de deixar de estar à frente dos negócios algum dia.

Muitos filhos não tocam nesse assunto com os pais por não se importarem com a responsabilidade de liderar os negócios da família no futuro, mas não têm coragem de assumir essa posição, preferindo ficar em silêncio.

A falta de diálogo leva à inércia, mantendo a situação dessa forma por longo tempo. E, na maioria dos casos, ela permanece assim até que um acontecimento da vida exija uma mudança.

Pais e filhos têm razões racionais muito plausíveis para manter esse *status quo*, mas a verdade é que a situação tem causas profundas relacionadas ao fator emocional. Uma forma de encaminhar uma solução para esse impasse é contratar e aceitar a intervenção de um especialista em tratamento de emoções familiares. Esse processo só ocorrerá caso o fundador decida que ele e seus filhos procurarão apoio de um especialista.

2 Esperar muito para falar

Com o passar do tempo, pequenos silêncios vão se acumulando, formando um amontoado de mágoas e racionalizações dentro de um quadro que envolve muita emoção. Assuntos que não foram tocados durante anos tornam-se tabus nas conversas entre familiares.

Essa situação agrava-se quando alianças entre membros dos núcleos familiares vão se formando. Ao longo do tempo surgem grupos cujos membros defendem posicionamentos distintos a respeito da empresa e do patrimônio da família. Os membros dos grupos têm atitudes de apoio entre si, agindo "contra" membros dos outros grupos.

O desfecho desse drama toma proporções incontroláveis quando algum imprevisto ocorre, como a morte ou uma grave doença de um dos líderes da família.

3 Pensar que determinado assunto é tão carregado de emoções que será impossível conversar racionalmente a seu respeito

Os fatos que envolvem o tema sucessão e outros assuntos sensíveis permanecem por muito tempo sem ser tratados, na esperança que se resolvam por si sós. A fantasia que se forma na mente dos familiares é que tocar em tais assuntos fará que a harmonia entre eles acabe.

Uma rápida passagem pela teoria da comunicação

Comunicar é fazer a mensagem que uma pessoa deseja transmitir atingir o interlocutor com perfeição para que ele consiga entendê-la. Simples e básico. Além dos fatores analisados no início deste capítulo, três aspectos impedem os membros de famílias empresárias de ser receptores eficazes:

1   Processamento seletivo da informação: as pessoas só ouvem o que querem ouvir; sem se dar conta, rejeitam noções que não confirmam suas expectativas.

2   Crenças pessoais: afetam não só o que as pessoas ouvem e a forma como interpretam, mas também a maneira como vão se comportar em relação aos outros. Um familiar que critica o comportamento de outro encontrará, sem dúvida, uma evidência disso.

3   Os seres humanos geralmente não se dão conta dos obstáculos à comunicação eficaz.

Entender a dinâmica da comunicação pode melhorar os resultados para todos os familiares. Entre os membros das famílias empresárias muito pouco é falado a respeito do que acontece com a empresa e com o patrimônio. Analisando os grupos de familiares envolvidos com a empresa, verifica-se que o grupo de familiares-sócios que não trabalha no negócio tem pouco acesso às informações acerca da empresa, de seu desempenho e de seus resultados. Já o grupo de familiares-gestores se comunica constantemente, pela própria condição de estar trabalhando na empresa, e tem acesso a todas as informações que deseja.

Não é incomum que o primeiro grupo passe a se alimentar das informações geradas pela "radiocorredor" da empresa, formada por antigos funcionários (aliás, um canal de comunicação bastante utilizado por esses familiares), produzindo ideias muitas vezes errôneas pelo fato de basearem-se em notícias que estão longe da realidade. Uma conclusão é possível: a comunicação entre familiares deve ganhar qualidade e evoluir rapidamente para que se mantenha a harmonia nessas famílias.

Uma boa notícia é que no Brasil existem empresas familiares muito bem organizadas em seus sistemas de comunicação voltados para os membros da família por meio da atuação de um *conselho de família*. Além disso, com as novas tecnologias e a facilidade de comunicação remota dos dias de hoje, os jovens herdeiros utilizam recursos modernos de comunicação, como as redes sociais, para integrar os familiares com o objetivo de compartilhar informações a respeito do que ocorre na empresa e na vida dos membros da família empresária.

Quadro 4.1
Dicas para melhorar o nível de comunicação em sua família

Defina um local e o melhor momento para conversar sério. Evite fazer isso interrompendo o trabalho da pessoa no escritório.

Antes de começar a falar, tenha muito claro, em sua mente, que resultado deseja com a conversa e o que é justo para você e para seu interlocutor (familiar).

Tenha certeza de que suas colocações têm uma proposta "ganha-ganha".

Uma vez descrito o assunto para seu interlocutor, procure alternativas de solução "ganha-ganha" que contemplem o negócio e a família, e acene com alternativas de resolução.

Antes de sair falando mal de algum fato ou de alguém da família, pergunte-se qual foi sua contribuição para que o problema acontecesse.

Esteja sempre disposto a negociar sua posição. Seu interlocutor pode não estar com vontade de conversar com você sobre esse assunto.

Demonstre abertura para abordar o assunto e crie valor para a negociação.

C A S E

Comunicação interna na empresa

A EMPRESA FABRICANTE de produtos para higiene Sondsen do Brasil Ltda. é subsidiária de uma empresa multinacional de origem norte-americana, cuja fundação data de 1938. Nesse período de existência, na busca pela perenização de sua estrutura, já desenvolveu avançados processos de profissionalização. Houve um tempo em que toda a família retirou-se da gestão e profissionais de mercado, inclusive um presidente, foram contratados para assumir a direção. Hoje as principais posições de direção são ocupadas por membros da família, capacitados para exercer suas funções.

No mês de dezembro de cada ano, tradicionalmente, é realizada uma reunião familiar. Constam da pauta da reunião assuntos tão distintos quanto a análise estratégica do negócio nos últimos 12 meses e a celebração oficial de todos os aniversários dos membros da família, com farta distribuição de presentes.

Na última reunião desse tipo realizada, os membros da quarta geração da família (cerca de 35 pessoas com idades entre 14 e 36 anos) solicitaram que fosse criado um canal de comunicação diferenciado, além da tradicional publicação trimestral que tem o singelo nome de *A melhor família do mundo*. Essa solicitação exigiu a contratação de uma empresa especializada para pesquisar e desenvolver um projeto dos melhores canais de comunicação, para que a nova geração se sinta confortável para receber informações da empresa e da família.

O resultado da pesquisa propiciou a criação de uma ferramenta de comunicação baseada em uma das redes sociais existentes, com características fechadas e exclusivas para a família, de forma que todos os membros passaram a ter acesso a informações no momento em que a empresa ou os próprios familiares as tornam disponíveis. ∎

LIÇÕES APRENDIDAS

As FAMÍLIAS EMPRESÁRIAS possuem diferentes níveis de expectativas e necessidades, de acordo com seu desenvolvimento. A família controladora da Sondsen do Brasil já percorreu um longo caminho rumo à profissionalização e em relação à harmonização de seus integrantes em torno do patrimônio.

O leitor pode estar pensando que há um alto grau de sofisticação no que foi implementado para a comunicação entre membros das quatro gerações, enquanto há famílias com um longo caminho a percorrer e a necessidade de resolver questões básicas que podem vir a ameaçar a perenidade da empresa. E terá toda a razão em pensar assim!

Apenas reflita sobre a importância de colocar em prática alguma estratégia para que sua família possa iniciar um novo nível de organização e profissionalização. E tenha o caso da Sondsen, talvez, como um exemplo a ser seguido no futuro.

Capítulo 5

Construindo equipes vencedoras na família empresária

É fato que não é fácil criar um negócio apenas com boas ideias e dinheiro limitado em um mercado cada vez mais agressivo e competitivo. Mas isso já foi possível, décadas atrás, para milhares de pessoas em todo o mundo, inclusive no Brasil.

O perfil desses empreendedores era o mais variado possível. Em comum, um sonho, uma necessidade e a vida pela frente. Havia pouca tecnologia, informações escassas, e o mercado, aberto em determinados segmentos, absorvia praticamente tudo o que lhe era oferecido.

Cinquenta ou sessenta anos depois, o mundo mudou... e muito!

Não há efeito prático em criticar a forma como as organizações criadas por esses verdadeiros heróis foram administradas nesse período. O fato é que, aproveitando oportunidades e seguindo seu *feeling*, criaram empreendimentos e trabalharam muito, acumulando um patrimônio de valor bem superior ao que poderiam imaginar. No auge de suas carreiras, geraram milhares de empregos e superaram crises. Neste momento, muitos desses empreendedores concordam que seus negócios necessitam atingir outro nível de profissionalização, que acompanhe as rápidas transformações empresariais e sociais de um novo século.

Os dias atuais e o futuro

Nos mercados mais desenvolvidos, empresas familiares estão deparando com a necessidade de atualização do modelo de governança: da centralização das decisões em uma ou poucas pessoas, para modelos mais descentralizados e participativos. Irmãos estão redefinindo parcerias; primos de diferentes famílias estão se consorciando; executivos mais experientes estão se unindo a funcionários-chave para abrir novos negócios familiares; maridos e esposas estão criando empreendimentos conjuntos com responsabilidades compartilhadas.

Como determinar papéis em parcerias entre irmãos, desenvolver modelos de gestão em consórcios entre primos, dividir responsabilidades entre maridos e esposas, construir times de trabalho entre executivos e funcionários?

A resposta está no desenvolvimento de novas habilidades gerenciais, no treinamento em gestão, na criação de formas de liderar pessoas e processos, trabalhando em equipes de alto desempenho e estruturas de governança atualizadas.

O papel do fundador

OS FUNDADORES são seres humanos especiais, homens e mulheres antenados ao mundo dos negócios, preocupados com o bem-estar da família, orgulhosos dos filhos, bons filhos, cônjuges amigos e parceiros, expoentes nas sociedades locais.

Quadro 5.1
Atitudes ultrapassadas do fundador no exercício da liderança na empresa familiar

Demonstração ostensiva de poder, fazendo notar e transcender essa dimensão de poder.
Criação de uma zona de proteção contra aqueles que atacam o seu poderio, por meio de punições.
Instalação de mecanismos de proteção contra qualquer oposição interna ou externa com o objetivo de obter maior coesão do grupo de gestores familiares ou não familiares.
Exigência de absoluta lealdade às suas ideias e aos seus conceitos por parte do grupo de gestores (familiares e não familiares).
Supervalorização de suas virtudes e negação de seus pontos vulneráveis.
Construção de imagem de dono de uma única verdade, constituindo-se na garantia da continuidade da empresa.
Eliminação ou forte redução de interação com outros grupos profissionais ou sociais. Esse fato reforça suas características vulneráveis e gera maiores distorções em sua percepção da realidade.

Criaram negócios em nichos específicos do conhecimento humano, no varejo, na indústria, na prestação de serviços, na área da saúde, nos esportes e no *show business*, entre outros. Em geral, diante de suas limitações técnicas, utilizaram sua visão grande--angular e seu senso de oportunidade para tocar o negócio, cuja importância e grandeza – muitas vezes – só os registros históricos da região onde o empreendimento foi fundado reconhecem. Poucas vezes estiveram à frente de iniciativas pouco ousadas e não inovadoras. O mundo seria menor sem a presença dessa figura.

Para esses empreendedores, a empresa é como um filho. Criam e acompanham seu crescimento assim como fizeram e fazem com seus herdeiros. Seus sentimentos pela empresa são profundos, similares aos que nutrem por estes.

Dizem que na vida há um tempo para tudo e que saber quando sair da frente, deixar de lado, é sabedoria pura. Argumentos como esses não tocam a maioria dos fundadores; pelo contrário, os desafiam, despertam neles um sentimento inverso. Sentem o peso da responsabilidade de manter o nível de conforto e *status* social que conquistaram para a família. Ao longo do tempo esse fato criará circunstâncias agradáveis, ligadas ao sucesso, mas sempre margeando a tênue linha que o separa das circunstâncias indesejáveis, a saber:

- A soberba pelo sucesso.
- O exagero pela fortuna recém-conquistada.

- As companhias pautadas pelo interesse financeiro.
- A falta de tempo para acompanhar o crescimento dos filhos da forma mais adequada.

Até certa fase, o futuro da empresa está à mercê do caráter de seu fundador, de sua saúde, de sua visão de mundo, da relação com sua esposa, da forma como vê o desafio das diferenças entre ele, seus filhos e seus parentes.

João Bosco Lodi, um dos mais renomados especialistas em empresa familiar e autor dos primeiros e melhores livros a respeito do tema no Brasil, afirmou:

> Toda crise sucessória está assentada num conflito edipiano entre pai e filho onde os problemas de carreira do filho, os problemas de planejamento e de organização da firma, as decisões de novos produtos e investimentos, servem de palco para o drama.
>
> O filho deve ter habilidade para aceitar a rivalidade do pai, desenvolvendo sua própria personalidade, perto ou longe da figura paterna.
>
> O pai deve ter consciência de quanto seus problemas existenciais deformam sua visão do filho, de quanto sua necessidade de afirmação pode recrudescer sua autocracia.
>
> Todo fundador é autocrata, por definição.[5] [sic]

[5] LODI, João Bosco. *A empresa familiar*. São Paulo: Pioneira, 1993.

De acordo com Harry Levinson[6], professor e consultor da área de psicologia e liderança, para o fundador o negócio é uma extensão de si mesmo e, sobretudo, um meio de satisfação e realização pessoal. A maioria dos fundadores resiste à ideia de planejar a sucessão de maneira a antecipar-se a acontecimentos que não lhe agradem. Lidar com a sucessão implica, de alguma forma, admitir a própria morte. O envelhecimento e a possível perda de poder geram uma sensação de vazio, talvez de perda de valor.

Quadro 5.2
Características do fundador

> Provedor
> Bom pai
> Take risker
> Criador de empregos
> Desenvolvedor de novos negócios
> Inovador
> Autocrata
> Empreendedor
> Empresário
> Dono da verdade
> Personalidade forte
> Centralizador
> Posicionamento pessoal engessado
> Responsável pela palavra final

[6] *Family Business Review*, vol. 10, no. 4, 411-9 (1997).

O papel da esposa do fundador

APOIO, FIRMEZA, espelho na hora de decisões difíceis, a esposa do fundador é mais do que a responsável pela parte financeira da empresa, posição que ocupa em muitos casos.

Com frequência, entra para a estrutura da empresa por uma necessidade ditada pelo próprio negócio. No passado, quando as empresas eram fundadas por imigrantes, o casal recém-formado contribuía em igualdade de condições para dar vida à empreitada. A esposa era a pedra fundamental do negócio.

Hoje, ao encontrar uma mulher que tenha tido essa trajetória de vida, é perceptível sua fibra, seu conhecimento dos detalhes que fazem a diferença na educação de filhos, netos e bisnetos, com caráter e boa formação humanística. É curioso observar que grande parte das esposas que trabalham na empresa da família destaca-se na área financeira.

E as mulheres empreendedoras?

Possuem a mesma fibra das mulheres-mães-esposas com a adição do faro empreendedor. A resiliência e, em muitos casos, a busca da sobrevivência as levam a usar seus talentos não trabalhados por décadas para iniciar um negócio que se torna o ganha-pão de algumas, ou inúmeras, pessoas.

E, se não é possível negar o fato de que algumas das esposas tornam-se viúvas dos fundadores, deve-se reconhecer que muitas delas não assumem a gestão estratégica do negócio, mas passam a desempenhar o papel central no desenvolvimento da nova sociedade que se forma entre os herdeiros, sem a presença do pai.

As novas gerações: filhos, irmãos e primos

ENTRE TANTOS OUTROS, dois princípios gerais devem ser ensinados aos jovens da família, desde tenra idade: (1) informações restritas sobre a família devem permanecer restritas e (2) o regime para o casamento dos familiares é separação total de bens e acordo nupcial!

Os filhos das famílias empresárias não escolheram os negócios que herdaram, tampouco os sócios com quem vão dividi-los: pais, irmãos, primos, tios e agregados. A família deve oferecer um processo de desenvolvimento a seus herdeiros visando ao seu crescimento pessoal, profissional e na sociedade familiar. O ideal é que esse processo seja implementado enquanto o fundador estiver vivo e com saúde. Será solicitado deles o comprometimento com o trabalho a ser desenvolvido, sua ativa participação e seu compromisso moral e ético com os demais participantes da empresa e com a família.

Alguns dos assuntos a ser trabalhados são:

- Cultura e valores da família.
- Preparação para o papel de sócio: antes de pensar no que vai fazer na empresa da família (ou fora dela), deve preparar-se para ser sócio.

- Diferença entre o papel de dono e a futura posição de sócio: o dono foi apenas o fundador.
- Postura pessoal e moral na sociedade da família.
- Direitos e deveres, ônus e bônus.
- Análise dos projetos pessoais e profissionais de cada herdeiro.
- Subordinação do modelo de gestão ao modelo societário.
- Definição do posicionamento de cada herdeiro: dentro ou fora da gestão da empresa da família, do conselho de administração e do conselho de família.
- Aspectos estratégicos e operacionais da gestão da empresa.
- Aspectos econômico-financeiros da gestão de empresas e, especificamente, da gestão da empresa da família (dos negócios da família).

Irmãos trabalhando em equipe

A fórmula vencedora para que irmãos, ao mesmo tempo, trabalhem nos negócios da família e obtenham sucesso é a que utiliza os princípios do trabalho em equipe. Administrar um negócio em equipe gera bons resultados, porém o processo é de alta complexidade. Quando os participantes da equipe são irmãos, a complexidade aumenta. Irmãos devem entender que:

- É importante que cada um coloque seus pontos positivos em ação para compensar os pontos não tão fortes de todos, principalmente nos momentos em que a emoção vier à tona.

- Levam para o ambiente de trabalho, ainda que inconscientemente, as memórias de acontecimentos e as opiniões a respeito do outro, construídas desde a infância, o que aumenta as chances de conflitos entre eles.

- Por terem crescido em um ambiente em que a empresa da família estava presente todo o tempo como "pano de fundo" de acontecimentos felizes ou não, a probabilidade de que as emoções venham à tona com grande facilidade é maior. Irmãos que são ou se tornarão sócios devem evitar que as emoções invadam o espaço de trabalho e de tomada de decisões.

- Caso os princípios do trabalho em equipe não estejam sendo seguidos na maior parte do tempo, o ambiente da empresa (o clima organizacional) pode ser ameaçado pelo simples fato de um deles estar nervoso, desiludido, improdutivo ou com um mero mal-estar.

- O fato de os pais estarem entre os irmãos exerce enorme influência na equipe formada por eles, assim como na empresa como um todo.

- Todos os filhos, pela longa convivência em família, reconhecem um simples "levantar de sobrancelhas" ou outro sinal não verbal dos pais, o que pode iniciar uma discussão acerca do assunto que esteja sendo tratado.

- Terão de desenvolver, em conjunto, a habilidade de se comunicar efetiva e afetivamente com os pais e entre eles a respeito da família e dos negócios.

A diferença de idade entre os irmãos

Geralmente os filhos mais velhos são os primeiros a trabalhar no negócio da família, ganhando muitas vantagens sobre os irmãos mais novos. A tendência dos pais é proteger os filhos mais novos tentando "contornar" essa "desvantagem", uma vez que os mais velhos, por estarem há mais tempo no negócio, puderam se desenvolver e conhecer melhor a empresa.

É importante analisar se – e como – as diferenças de idade estão afetando o desenvolvimento dos irmãos na empresa. Devem fazer parte dessa análise, além do tempo que os irmãos estão trabalhando na empresa, a maturidade de cada um diante de suas tarefas, a competência e o resultado agregado ao negócio com suas atuações.

Rivalidade e diversidade entre irmãos

Os irmãos lutam para livrar-se da dependência da aprovação de seus pais, na tentativa de minimizar o sentimento de rivalidade entre seus pares, irmãos e irmãs, na família e na empresa. Essa situação precisa ser revista pelos pais, reduzindo a importância dessa aprovação e buscando o entendimento entre eles.

Diferenças entre irmãos, na forma como pensam, ouvem, tomam decisões e comunicam-se, são naturais, mesmo tendo eles nascido e crescido em um mesmo lar. Para um ambiente de trabalho saudável e próspero, devem desenvolver habilidades para lidar com as diferenças e se entender profissionalmente.

Quadro 5.3
Ações-chave para o sucesso em uma sociedade entre irmãos

Formar um time autônomo e independente da influência dos pais.

Tomar a iniciativa, como futuros gestores da empresa, de desenvolver-se individualmente e como uma equipe a caminho de suceder seus pais na gestão do negócio. Claro que, eventualmente, o fundador enxergará essa atitude como uma conspiração para expulsá-lo do comando, mas os benefícios superam os riscos nessas ocasiões.

Criar novas estratégias e revisar a estrutura da empresa para alcançar um novo patamar de crescimento. Nesse novo patamar, a empresa terá de suportar novos núcleos familiares que serão formados pelos filhos e seus futuros cônjuges e filhos. Portanto, a empresa precisará ser preparada para crescer e manter o mesmo padrão de qualidade de vida para todo o conjunto de novos familiares.

Colocar os membros das novas gerações em posição de comando. O trabalho dos fundadores não estará concluído até que a empresa esteja preparada para ser entregue ao comando de seus filhos. Isso significa implementar políticas, procedimentos, processos e estruturas que suportem a chegada dos novos líderes, membros das novas gerações. A geração dos irmãos não estará apta a fazer seu trabalho, a menos que a geração anterior tenha terminado suas tarefas.

Ter capacidade de análise e convivência com as questões emocionais.

Primos

Quando primos começam a trabalhar na empresa familiar, passam a desempenhar o papel de funcionários em paralelo ao papel de sócios ou futuros sócios. Na história de uma empresa familiar, essa é a transição mais complexa. Na terceira geração há um número muito maior desejando trabalhar na empresa da família. O potencial de que ocorram conflitos aumenta por causa dos diferentes níveis de desejos, expectativas e histórico familiar.

Os primos cresceram e foram educados em diferentes núcleos familiares. Trazem em sua bagagem de vida estilos e pontos de vista distintos. Entre eles haverá grandes diferenças de competência, de personalidade, de necessidades financeiras e até de memórias ligadas a "injustiças" ocorridas na transição para a segunda geração.

A indicação técnica para que esse consórcio entre primos seja desenvolvido com harmonia é a implementação ou validação de uma nova estrutura de governança e de um acordo entre os acionistas, assim como mecanismos de mediação de conflitos visando a criar um ponto de apoio à família nesse momento e para o futuro.

Aconselho que o primeiro passo seja a renegociação das bases da sociedade pela geração que está se preparando para

ACONTECE nas melhores FAMÍLIAS

Minha noiva ficou ofendida porque sugeri nos casarmos com separação total de bens, assinando um acordo pré-nupcial.

•

Meu cunhado não serve para ocupar o cargo que ocupa! Vou precisar demiti-lo. E agora, o que será do futuro da família de minha irmã?

Meu irmão mora na Inglaterra, é casado com uma moça que está muito bem de vida e não tem interesse nenhum pela empresa da família.

•

Na terceira geração da família somos, hoje, doze primos. Daqui a alguns anos, seremos doze sócios, sem contar esposas e maridos.

•

Meu irmão e eu sempre nos demos muito bem como sócios. Já não digo o mesmo de meus filhos e sobrinhos no futuro.

transferir parte de seu poder para a terceira geração. O passo seguinte é a implementação do processo de seleção dos familiares da terceira geração que estão se candidatando a uma vaga no quadro de funcionários da empresa. Em alguns casos, os primos não conseguem aguardar que seus predecessores deixem seus postos na gestão para tomar seus assentos. Os primos devem estar muito bem preparados para assumir o negócio, pois as pressões da família podem criar perturbações.

Não há um modelo-padrão para essa fase do ciclo de vida da empresa familiar. Nesse ponto funcionam o bom-senso e a sabedoria acumulada pelas gerações anteriores na gestão do negócio.

Agregados

A partir da segunda geração, e pela primeira vez na família, inicia-se o processo de entrada de maridos e esposas no núcleo familiar. Apesar de todos os cuidados, toda sorte de emoções negativas pode vir à tona, sem que a família tenha controle: medo, desconfiança, ciúmes, suspeitas. Com o comprometimento mútuo entre pais e irmãos, esses aspectos podem ser facilmente administrados.

A entrada de uma pessoa desconhecida para a maioria dos membros da família, como em qualquer grupo social, é estudada por diversas fontes de referência em ciências humanas no mundo. Porém, a chegada de um filho ou neto, a entrada de um novo sócio, ou mesmo a integração de um genro ou de uma nora ao clã de uma família empresária é um assunto pouco abordado. Tecnicamente, pode-se dizer que em qualquer uma dessas hipóteses mais uma pessoa está se agregando à família, ou seja, mais uma parte na futura divisão do patrimônio familiar. Do ponto de vista sentimental, um novo membro na família é a alegria de um casamento ou da chegada de um(a) filho(a), neto(a) ou sobrinho(a).

Na família empresária, a palavra "agregado" está ligada à chegada de um homem ou uma mulher como parceiro(a) de um membro da família. Figura quase folclórica e lendária nesse ambiente, não há como negar os casos de imenso sucesso e outros nem tanto.

A entrada de pessoas com novas formas de pensar, visão, experiência de vida e competências diferentes na família empresária deve ser fonte de satisfação. Novas influências geram processos que agregam qualificações (positivas e negativas) ao *status quo* do clã. No entanto, a pitada de ironia que pode ser sentida e observada no olhar dos familiares quando o(a) agregado(a) é apresentado(a) à família é apenas o começo de uma longa história.

Se uma observação pode ser feita, é sobre a duração, cada vez menor, que os casamentos vêm apresentando na última década no Brasil. O impacto causado pelo fim de um vínculo matrimonial gera consequências emocionais que ecoam na família empresária – em sua imagem e, muitas vezes, em seu patrimônio, por causa dos aspectos legais.

Os membros da família empresária devem receber orientação desde tenra idade a respeito da forma como as uniões são entendidas na família, quais cuidados jurídicos essa postura familiar implica e até quais posturas pessoais são recomendadas (entenda-se bem: recomendadas).

A discussão técnica (acordo pré-nupcial e casamento em regime de separação total de bens) não deixa de ser um assunto polêmico na família. Mas deverá ser encarada com tranquilidade, serenidade e alguma energia, visando – como nos demais aspectos comentados neste livro – à proteção do patrimônio familiar.

Pais empreendedores e controladores

Empreendedores são controladores por natureza. Essa característica, somada ao fato de serem os pais dos "meninos e meninas" da segunda geração, pode criar relações tensas, em que os pais tentam controlar e guiar as atitudes, os valores, as opiniões e o comportamento dos filhos, não só enquanto ainda são crianças, mas conforme vão crescendo e por toda a vida.

Apesar de o fazerem inconscientemente, os pais tomam atitudes que impedem seus filhos de trabalhar em equipe na empresa da família. Um exemplo comum: tomam decisões sem permitir a participação dos filhos em seu processo de construção. Os pais também tentam abafar os conflitos entre os filhos, em vez de ajudá-los a resolvê-los. No lugar de encorajar a comunicação frequente entre os filhos no âmbito profissional, criam esquemas para que cada um comunique-se individualmente com eles a respeito de questões da empresa. Não permitem que os filhos aprendam com seus erros, protegendo-os para que não os cometam.

As mães, no que se refere ao entendimento entre irmãos, sempre desejam que a família seja preservada dos conflitos interpessoais. Esse desejo é tão forte que, algumas vezes, manipulam ou omitem fatos que no seu ponto de vista podem causar conflitos entre seus familiares mais próximos. Os filhos devem ficar atentos para essa tendência e tratar esse fato com carinho.

Quadro 5.4
Princípios básicos da educação para o trabalho, a ser desenvolvida com as novas gerações, para os quais fundadores e dirigentes de empresas familiares devem atentar

O familiar que mais contribui para a família empresária é aquele que não necessita da empresa para sobreviver, ou seja, aquele que desenvolve sua própria carreira profissional, sem desejar trabalhar na empresa da família, ao menos durante os primeiros anos de sua trajetória profissional. Deve ser incentivado a seguir a carreira para a qual tem vocação e em que se sinta realizado, feliz.

Membros da família podem ser levados a trabalhar na estrutura da empresa familiar desde que ela precise de suas competências, e não para acomodar uma situação familiar ou atender a um desejo dos membros mais velhos da família. Não ao nepotismo!

Sacrificar a racionalidade da empresa como uma concessão às exigências da família não é um bom caminho.

Primogênitos não devem estar colados ao pai, muitas vezes com sacrifício de seus estudos e até de seu estilo pessoal, para adquirir determinada visão do negócio, sendo obrigados a trabalhar na empresa da família e a cursar determinada faculdade.

Nenhuma família consegue gerar pessoas competentes em quantidade suficiente para preencher todas as posições de liderança na estrutura da empresa.

É mais fácil recusar um emprego a um familiar do que demiti-lo depois que entrar na empresa, ainda que por um motivo defensável.

Não contrate pessoas que não poderão ser demitidas!

Sócio bom é sócio feliz!

Capítulo 6

Encaminhamento das soluções para os dilemas da empresa familiar

As soluções indicadas neste capítulo são conhecidas e aplicadas por inúmeras empresas familiares que conheço, no Brasil e em outros países. Elas empregam todos os princípios e temas descritos nos capítulos anteriores, partindo do princípio da proatividade. São soluções que deveriam ser aplicadas imediatamente em qualquer empresa familiar, independente da fase de vida do fundador ou dos dirigentes, da geração que está dirigindo os negócios da família, do faturamento anual, do número de membros e da idade das crianças da família.

Essas soluções devem ser discutidas com uma terceira parte, um especialista no trato dos dilemas das empresas familiares, pois todos os temas que serão abordados em um projeto de solução de situações dos negócios da família estão carregados de emoção. Qualquer familiar ou grupo de familiares provavelmente terá dificuldade em obter legitimidade para dirigir um projeto dessa natureza sem que surjam forças de resistência às mudanças propostas dentro da própria família.

Governança corporativa e familiar

DIZER QUE HÁ SOLUÇÕES para os problemas da empresa familiar pode soar como a propaganda enganosa de uma ideia. De fato, os problemas que afligem as famílias empresárias são específicos, possuem diferentes graus de complexidade e não comportam soluções padronizadas.

Um dos recursos para a busca da solução é deixar o tempo passar. Apesar de parecer uma ação desmotivadora, é uma postura ativa. Há muita sabedoria em aguardar o momento correto para tomar decisões de modelagem da governança na família,

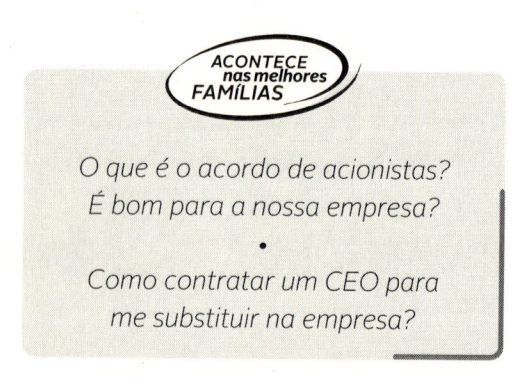

ACONTECE nas melhores FAMÍLIAS

O que é o acordo de acionistas?
É bom para a nossa empresa?

•

Como contratar um CEO para
me substituir na empresa?

na empresa e no âmbito da sociedade (ou propriedade) formada pelos familiares.

O *modelo de governança da empresa familiar* estabelece as regras e os limites do compromisso da alta direção e da família com a empresa. Como se diz nas cidades do interior: "Boas cercas fazem bons vizinhos".

O modelo de governança prima por criar limites para determinar como a família vai se relacionar com seus próprios negócios; para definir responsabilidades, propriedades, prerrogativas de sócios e de gestores. Um exemplo de limite: membros da família não devem se intrometer em áreas do negócio sobre as quais não têm responsabilidades.

O modelo se materializa, na prática, com o desenvolvimento do *acordo de cotistas* (ou acionistas), a criação do *conselho de família,* do *conselho consultivo* – que evoluirá para o *conselho de administração* – e dos órgãos assessórios aos conselhos.

Conselho de família

– Boa tarde, senhores e senhoras do conselho de família. Gostaria de iniciar a reunião extraordinária deste conselho descrevendo o caso sobre o qual vamos tratar. Os membros do conselho vêm acompanhando há alguns meses que nosso sobrinho Apinagé [24 anos de idade] está com uma tremenda dificuldade para adaptar-se ao trabalho na loja número 7 de nossa rede de varejo. Em nossa penúltima reunião mensal

tratamos do caso e sugerimos uma reunião com o rapaz e com nossa diretora da área de gestão de pessoas. Essa ação não teve resultados positivos aparentes, pois o comportamento analisado inicialmente não se alterou. Apinagé continua sendo ríspido com o gerente da loja, um funcionário muito bem preparado tecnicamente, que está conosco há mais de cinco anos. Também continua apresentando problemas com os horários de entrada e saída do trabalho. Quando questionado por melhor desempenho ou melhoria do padrão de atendimento aos nossos clientes, como ocorre normalmente com qualquer funcionário que apresenta problemas dessa natureza, sai-se com esta pérola do nepotismo: "Não me pressione, pois sou filho de um dos donos desta empresa!" A ação sugerida foi realizarmos uma reunião com os pais do rapaz para tentar entender se o comportamento apresentado estaria ocorrendo também na vida particular, com seu núcleo familiar e de amizades. Qual não foi nossa surpresa quando os pais declararam apoio total à atitude do filho! Percebemos que a origem das desavenças do núcleo familiar é antiga, por questões relativas às negociações entre sócios. A percepção da psicóloga que acompanhou o encontro com os pais também foi nessa direção. Sendo assim, hoje vamos decidir se faremos uma proposta para a saída de Apinagé, uma vez que seu pai manifestou o interesse de abrir um negócio próprio, em que o filho será o gerente da loja.

O conselho de família é a estrutura cujo principal objetivo é ser o fórum em que os membros da família podem expressar suas aspirações e preocupações, permitindo que participem da formulação das políticas e diretrizes familiares. Deriva dessa definição a proteção dos interesses da empresa diante de situações problemáticas que ameacem o desenvolvimento sadio do patrimônio da família. Explicando detalhadamente:

- A empresa familiar, via de regra, não cresce tanto quanto as demandas dos membros da família.
- A família tende a crescer em quantidade de membros e muito mais rapidamente do que o crescimento dos resultados da empresa.
- Como consequência, os conflitos familiares tendem a invadir a gestão da empresa.

A existência desse conselho não significa que a empresa da família tornou-se uma ampla democracia e que o fundador não terá mais a palavra final a respeito de assuntos estratégicos. O conselho atua, sempre, com responsabilidade; raramente o fundador tem de exercitar seu poder de veto sobre as decisões. A existência do conselho de família estabelece que o negócio é uma empresa familiar, e não o negócio do dono.

Os familiares, por sua vez, por meio da atuação do conselho, conseguem entender melhor o ponto de vista do fundador, passando a compreender que o negócio não é apenas um provedor de seus ganhos e que devem agir responsavelmente em relação à empresa.

Na prática, essas são algumas das atribuições do conselho de família. Os itens listados a seguir não esgotam suas funções, pois as características de cada família orientarão o formato que será utilizado e as atribuições de cada conselho:

- Analisar eventuais ocorrências com familiares, dentro da empresa, buscando solucionar possíveis conflitos na estrutura.
- Examinar solicitações de familiares que trabalhem na gestão da empresa.
- Planejar a carreira dos membros da família.
- Projetar a carreira do fundador e dos dirigentes, que cedo ou tarde serão sucedidos.
- Aproximar membros da família que estão dispersos, por qualquer motivo (geográfico, político, atribuições profissionais).
- Promover a reconciliação de membros da família.
- Integrar novas composições familiares.
- Mediar e buscar soluções para conflitos entre membros da família.
- Promover o crescimento profissional e cultural dos familiares.
- Administrar a comunicação entre familiares e empresa.
- Planejar encontros familiares periódicos.

A família decide quais de seus membros devem participar do conselho. Algumas decidem que somente familiares que trabalham no negócio devem participar. O entendimento melhor é que o conselho terá uma atuação muito mais eficaz se for formado por membros ativos na gestão e por familiares que não trabalham na empresa.

O mandato de participação dos membros é definido por tempo determinado. Receber esse mandato dos demais familiares significa ter autoridade para tratar dos assuntos que podem ameaçar a harmonia da família em torno do patrimônio.

Se houver um número maior de pessoas interessadas do que vagas no conselho, é comum fazer um rodízio de participantes ao longo de vários mandatos. Uma forma ideal de implantar o conselho é a realização de um *day-out* da família, em um local fora da agitação do trabalho. O fundador pode estar presente nessa primeira reunião, porém no papel de um membro da família, não como fundador ou chefe, e exprimir sua confiança no trabalho do conselho dessa data em diante.

A partir da reunião de instalação do conselho, será planejado o cronograma de reuniões (mensais ou bimestrais). Estas poderão ocorrer também extraordinariamente, caso seja necessário.

Os membros indicados para o conselho desenvolverão o regimento interno que norteará as regras para seu funcionamento, sua estrutura e sua organização, bem como a relação entre os objetivos do período e a destinação de verba do orçamento da empresa.

Conselho consultivo

– *Toni, tenho pensado bastante, nos últimos dias, a respeito dos destinos estratégicos da Metal Metais Ltda. Tivemos um crescimento acelerado nos últimos dois anos e agora chegou a hora de pensarmos a respeito do desenvolvimento planejado de nosso negócio com visão de médio e longo prazo. Apesar de sermos sócios e nos entendermos muito bem há décadas, penso que isso não seja suficiente para que nossa empresa esteja preparada para enfrentar os desafios que virão nos próximos anos. Há diversas áreas em que precisamos melhorar nossa forma de trabalho, com processos mais modernos, aplicação de novas tecnologias e até a atração de profissionais mais qualificados para determinadas áreas. Minha sugestão é convidar nosso consultor em tecnologia, o proprietário do escritório de advocacia que nos atende há vários anos e alguns especialistas em áreas importantes de nosso processo produtivo para uma reunião mensal. Discutiríamos com eles a respeito do encaminhamento de decisões que teremos de tomar nos próximos meses: investimentos, proteção patrimonial, contratação de funcionários-chave, entre outras.*

– Muito oportuno, Ramos. Penso que seja um investimento importante para acelerarmos o ritmo e a qualidade de nossas decisões de médio prazo. A convivência periódica com profissionais competentes nos ajudará a crescer. Além do mais, poderemos arejar e atualizar nossas ideias e nossas mentes sobre assuntos-chave de nossa empresa.

O que Ramos e Toni acabam de desenhar nesse diálogo é a estrutura de um *conselho consultivo*, um grupo de especialistas que se reunirão formal e periodicamente com os sócios da empresa. Esse formato de conselho pode ser utilizado na empresa familiar como um movimento que antecede a formação do *conselho de administração*, uma vez que tem atuação mais informal do que o conselho de administração. Porém sua eficácia para o negócio é de muita qualidade.

Os membros desse conselho, via de regra, são convidados pelo fundador ou dirigente da empresa. Sua participação é remunerada em bases que devem ser negociadas. Recomenda-se que sejam fixados com os integrantes do conselho acordos de participação para períodos anuais, com compromisso de participar das reuniões mensais (ou nos períodos definidos pela direção da empresa).

Para todas as reuniões há uma pauta predefinida pela direção da empresa que pode ser complementada por contribuições dos membros do conselho. A condução das reuniões é uma atribuição do dirigente da empresa. Os membros do conselho poderão preparar e realizar apresentações sobre os temas de suas especialidades para que sejam debatidos por todos. Cada reunião vai gerar uma ata com o registro de todos os assuntos tratados e das decisões tomadas ou encaminhadas.

Conselho de administração

– *Nosso grupo cresceu muito, assim como o patrimônio da família, os filhos e os netos. É de conhecimento de todos que nos últimos 30 anos tenho desempenhado um papel importante à frente dos negócios de nossa família. Agora percebo que é hora de mudar, modernizar, preparar a empresa para um novo patamar de crescimento que a levará a resultados mais ousados no cenário nacional e, futuramente, em outros países. Como parte da estratégia de crescimento decidi, em conjunto com os diretores, que será implantado um conselho de administração para o grupo Electro Minas Camp Ltda. Sua estrutura e as providências para sua implantação ocorrerão nos próximos 30 dias. Gostaria de destacar que esse conselho será a célula responsável pelo desenvolvimento do pensamento estratégico de nosso grupo. Seus membros vão desenvolver estudos e projetos com a visão voltada para os próximos 20 anos. Os familiares que, em um primeiro momento, vão compor esse conselho receberão formação específica e serão motivados a analisar temas relevantes para o desenvolvimento do grupo. Com o tempo, trabalharão com peritos (conselheiros independentes) especialmente contratados para participar do conselho. Dirijo minhas palavras finais a todos os membros de nossa família: incentivo-os a participar, de alguma forma, na definição dos destinos do grupo e a partilhar dos objetivos comuns traçados para assegurar a perpetuação do patrimônio da família.*

O conselho de administração é um importante órgão da governança da empresa familiar, apoiando a alta administração da empresa. Sua missão é proteger e valorizar o patrimônio, maximizar o retorno sobre os investimentos a curto, médio e longo prazo. Para cumprir essa missão, deve:

- Proteger o patrimônio da empresa e dos acionistas.
- Agregar valor ao negócio.
- Zelar pela manutenção da cultura (crenças, valores, princípios).
- Pensar e cuidar do futuro da empresa.
- Zelar pelo posicionamento estratégico da empresa, agindo preventivamente sobre três temas básicos: desempenho, gestão e futuro.

O conselho de administração é criado e eleito pela *assembleia de sócios*. Entre outras, são estas as atribuições do conselho de administração:

- Fixar a orientação geral dos negócios da empresa.
- Eleger e destituir o presidente da organização.
- Aprovar a indicação da equipe de diretores da empresa.
- Avaliar o desempenho do presidente e de sua gestão.
- Definir a remuneração do presidente e dos diretores.
- Planejar a sucessão do presidente e de seus diretores-chave.
- Aconselhar o presidente e sua equipe.

- Analisar o relatório e as contas da administração, dando seu parecer.
- Revisar objetivos estratégicos.
- Aprovar planos estratégicos e o orçamento.
- Autorizar a venda de ativo permanente.
- Escolher a auditoria independente, aprovar seu plano de trabalho e honorários.

Quadro 6.1
Importância do Conselho de Administração na empresa familiar

Analisa assuntos estratégicos, a partir de diferentes perspectivas, indicando encaminhamentos práticos e diferenciados da gestão. A análise é feita de um nível mais alto: vê a floresta, não apenas as árvores.
Apoia o dirigente principal da empresa com visão grande-angular dos projetos propostos.
Identifica mudanças e oportunidades, contribuindo para reconhecer e perseguir oportunidades e desafios.
Identifica detalhadamente uma situação que pode tornar-se negativa para o negócio ou patrimônio familiar, definindo um parecer que tenha como pano de fundo a proteção do negócio.
Rompe os impasses, ajudando gestores e proprietários a decidir questões cruciais para o negócio.
É objetivo nas grandes decisões – forma um fórum para apoiar as decisões quando a família está dividida ou insegura.
Fortalece a disciplina familiar, restaurando-a para os negócios.
Orienta a próxima geração oferecendo *mentoring* aos membros.

Acordo de acionistas

A família Nilsdorchmut observou o crescimento de seus negócios nos últimos 25 anos com muita alegria, por ser o projeto de um imigrante que chegou ao Brasil com poucos recursos e implantou um complexo agroindustrial.

O projeto de sucessão e governança solicitado a uma empresa especializada apresentou um relatório que constatou que o crescimento do número de familiares superou o aumento dos resultados anuais da empresa nos últimos 12 anos. O relatório também demonstrou que, entre os 32 casamentos realizados na família, 20% não resistiram e se desfizeram. Em alguns casos, as consequências foram mais duras para os cônjuges e, em determinados aspectos, também para a família. Além disso, o relatório revelou que entre os herdeiros com idades entre 16 e 27 anos 60% ainda estavam entrando para a universidade ou para o mercado de trabalho.

Por razões como essas a família decidiu iniciar a elaboração de um acordo de acionistas para formalizar as relações entre atuais e futuros sócios de seu patrimônio. O acordo será desenvolvido por uma célula formada por uma parcela dos familiares e, depois de concluído, deverá passar pela aprovação e assinatura de todos os seus integrantes (inclusive agregados). O acordo terá um gestor próprio, escolhido entre familiares que se voluntariarem para tal tarefa, e passará a ser a "Constituição da Família Nilsdorchmut".

Depois de muitos anos desenvolvendo acordos de acionistas, aprendi que:

- O ponto de vista fundamental, nessa atividade, é que o acordo seja desenvolvido para apoiar a família, assegurar sua harmonia e sua continuidade, e proteger o negócio e seu futuro.
- Para a família, o processo de gerar o acordo é tão importante quanto o acordo em si, pois a discussão em torno dele incentiva seu crescimento emocional, visto que são abordados assuntos que lidam com pontos delicados do relacionamento interpessoal.

Na minha opinião, neste momento, um engenheiro seria um ótimo gerente-geral para a empresa que criei.

•

Depois de ouvir muitas opiniões de especialistas em administração, criei um Conselho Consultivo na empresa. Agora tenho mais segurança para tomar decisões que antes não tinha a quem perguntar.

O processo de desenvolvimento do acordo de acionistas só deve ser iniciado se a família estiver ciente dos limites do acordo (ele não é uma panaceia para cura de todos os males da empresa e da família) e das repercussões que poderão advir, principalmente para a família. Caso contrário, o acordo pode criar mais problemas do que soluções.

Porém, o acordo de acionistas é, nos dias atuais, uma necessidade para a proteção do patrimônio das famílias empresárias a médio/longo prazo. Isso ocorre pelo fato de as relações entre as pessoas na sociedade em geral terem se tornado cada vez mais complexas, atingindo as famílias em seus valores primordiais. No caso das famílias empresárias, a consequência está diretamente ligada à ameaça ao seu patrimônio.

O acordo de acionistas objetiva espelhar a expressão da vontade dos familiares-sócios a respeito de temas que podem quebrar a harmonia da família e, consequentemente, ameaçar a perenidade do patrimônio construído ao longo de décadas.

Em minhas observações e nas de muitos especialistas no tema empresa familiar, a harmonia da família não é quebrada por grandes e barulhentos acontecimentos, mas por pequenas rusgas e mal-entendidos do dia a dia patrocinados por qualquer de seus membros que se sinta no direito de colocar em ação sua posição de sócio, herdeiro ou futuro sócio.

Uma pergunta que sempre surge em conversas a respeito desse tema é: "Quando a família deve começar a desenvolver o acordo?" A resposta é: "O quanto antes". Ele é um instrumento preventivo. Infelizmente a maior parte das famílias só se preocupa em desenvolvê-lo quando surgem questões que tiram a paz de seu ambiente.

Outra pergunta frequente: "Qual o tamanho da família ou da empresa que se encontra na condição de necessitar do acordo?" A resposta: "Não depende do tamanho da família ou da empresa, mas da 'mentalidade' dos principais membros da família".

O acordo rege as atitudes das pessoas; sua necessidade não pode ser medida pelo número de familiares ou pelo faturamento da empresa, mas pela oportunidade de proteger o patrimônio das possíveis interações conflituosas entre familiares.

Existem várias metodologias para desenvolver o acordo de acionistas. As mais fidedignas são as que contemplam o envolvimento de toda a família utilizando instrumentos de participação direta e indireta na confecção do texto e no encaminhamento das tomadas de decisão.

O conteúdo do acordo de acionistas são as políticas que regularão as relações entre a família e o negócio, ou seja, as regras para a tomada de decisão, válidas para todos os membros que constituem – e virão a constituir – a família. Certa vez, ouvi de um fundador: "Resolvi garantir a harmonia da família, e o sucesso dos negócios, antecipando futuras questões e conversando a respeito de como lidar com elas antes que se tornem realidade".

O teor das políticas de que cada família necessita depende de vários fatores como o estágio de vida do negócio, seus valores e cultura, a origem e cultura da família e um aspecto essencial: se ela dá maior importância a si mesma ou aos seus negócios.

A seguir estão listadas algumas questões cujas respostas devem ser dadas pelo acordo de acionistas. É claro que é apenas uma amostra. Inúmeras outras questões devem ser incluídas no acordo.

- E se meu irmão entender que meu sobrinho deve ser promovido na empresa e eu não?
- E se meu primo der cotas da empresa à esposa dele e, depois, eles se divorciarem?
- O que acontecerá se tivermos de demitir um parente?
- Como devo explicar a meu filho que ele necessita ter mais experiência profissional antes de integrar o quadro de funcionários de nossa empresa?
- Sou apenas acionista da empresa, não um gestor dela. Por que não posso ter acesso às mesmas informações financeiras que os familiares que trabalham na empresa têm?
- Por que o marido da minha irmã tem salário maior que o meu?
- Por que um familiar recebeu R$ 100 mil de empréstimo da empresa?
- Por que não posso fazer parte da diretoria da empresa?

- Como seu filho pode trabalhar na empresa e ter outro negócio ao mesmo tempo?
- A empresa não pode me incluir no plano de saúde em grupo? Afinal, faço parte da família!

Ficou registrado no documento de criação do modelo de governança de uma empresa familiar que tive oportunidade de ler:

*Desenvolva o acordo de acionistas
antes que você precise de um.*

Se sua empresa não tem, a hora de fazê-lo é agora.

*Se sua empresa está no estágio em que precisa do acordo
para administrar questões que estão surgindo, pode ser
tarde demais!*

Eis uma reflexão para todos que, de uma forma ou de outra, estão envolvidos com empresas familiares, seja como sócios, fundadores ou herdeiros.

Capítulo 7

Histórias reais da vida de empresas familiares: *cases* comentados

Neste capítulo você encontrará histórias verídicas de empresas com as quais trabalhei nos últimos 15 anos desenvolvendo projetos de apoio a famílias empresárias. Os nomes das pessoas e das empresas estão protegidos sob codinome.

Elas estão aqui para tentar chamar a atenção dos membros das empresas familiares, abrir janelas inovadoras para que percebam que os problemas enfrentados pela maioria das famílias são de natureza semelhante e têm grande chance de ser solucionados.

Mortos que estão vivos... Vivos que estão mortos!

REUNIÃO SOLICITADA pela recém-contratada diretora de marketing *(executiva não familiar).*

Presentes: familiares-gestores da empresa Plásticos & Plásticos Ltda.

Pauta: análise do portfólio de produtos.

Por décadas alguns produtos fabricados pela Plásticos & Plásticos Ltda. foram o carro-chefe do crescimento da empresa. Há mais de três anos, porém, eles estão se mostrando superados e as vendas não têm atingido os patamares anteriores.

Quase todos os produtos em análise foram criados pela mente inovadora e empreendedora do fundador – o avô –, falecido há dois anos.

A sala de reuniões é ampla. A mesa é retangular, panorâmica... quase uma obra de arte. As cadeiras são do mais fino couro e a decoração da sala, apesar do gosto duvidoso, exibe peças caríssimas. Destaca-se ainda na decoração um imenso retrato do fundador da empresa, ocupando praticamente metade de uma parede.

A diretora de marketing inicia a apresentação falando sobre a importância da empresa no cenário regional e nacional, a fidelidade dos clientes à marca, a reconhecida qualidade dos produtos e a excelência do serviço de pós-venda.

Ela também apresenta números que indicam a necessidade de revisão e renovação no portfólio de produtos, visando à melhoria das margens de comercialização, com reflexo direto no resultado da empresa (o que reverterá, certamente, em valor a ser distribuído aos familiares-sócios no fim do ano). Por último, solicita que os presentes exponham suas opiniões para que a decisão seja tomada.

Silêncio... Suspense... Incômodo no ambiente.

Um dos três irmãos, o mais velho, diretor financeiro da empresa, posiciona-se defendendo a manutenção dos produtos no portfólio, no que é seguido pela irmã, gerente de recursos humanos. O irmão mais novo, gerente de produtos, e a mãe, membro do conselho de administração, concordam com a executiva de marketing.

A discussão segue razoavelmente calma e profissional até que o irmão mais velho argumenta:

– A maior parte dos produtos que a nova executiva quer que sejam descontinuados, ainda que a conclusão seja confirmada por pesquisa de mercado, é uma herança emocional da família! Vovô dedicou todo o seu gênio inventivo, sua competência e milhares de horas de sua vida para criá-los! – E fuzila: – Vocês acham que vovô concordaria com essa remodelação?

Novo intervalo de silêncio total... Mais suspense!

LIÇÕES APRENDIDAS

QUAL ARGUMENTO TÉCNICO pode derrubar a manifestação emocional do irmão mais velho?

Nesse caso, percebe-se nitidamente que o mercado está cobrando um novo posicionamento da empresa quanto à sua linha de produtos. E alguns familiares--gestores estão com dificuldade de entender a mensagem do mercado, traduzida pela diretora de marketing. É paradoxal que as mesmas pessoas que trouxeram para a empresa uma visão dinâmica, criando o departamento de marketing e contratando uma executiva do mercado, tenham dificuldade de seguir suas recomendações. No entanto, é fácil perceber a presença de duas forças antagônicas: razão e emoção atuando ao mesmo tempo na mente e no dia a dia dos familiares.

A figura do fundador, a convivência durante décadas com a mesma estrutura na empresa e a proximidade dos princípios da família com a dinâmica do trabalho fazem que os aspectos emocionais confundam-se com os aspectos racionais necessários para tomar uma decisão.

A pergunta importante, nesse caso, é: "Até quando o mercado, as empresas concorrentes e os consumidores serão condescendentes com a decisão que contraria os princípios defendidos pela diretora de marketing?"

Os especialistas no tema, em todo o mundo, defendem a profissionalização da empresa familiar com base na mudança do modelo mental – a forma como os familiares pensam, enxergam e administram a empresa.

Profissionalizar a empresa familiar não significa a simples troca dos familiares-gestores por executivos de mercado. Envolve muito mais aspectos, como já foi explicado neste livro.

Meu futuro genro, minha futura nora

MANHÃ DE *terça-feira.*

Os pais procuram ajuda para uma questão que pode ameaçar, a médio prazo, os negócios da família. O filho havia conversado com a noiva, na noite anterior, a respeito do regime pelo qual optariam para o casamento, com data marcada para breve.

O relacionamento entre os dois tem, aproximadamente, dois anos e meio. A opção apresentada pelo noivo para o regime do casamento foi separação total de bens e acordo pré-nupcial, recomendação de especialistas na área do direito de família visando à proteção do patrimônio da família, principalmente depois da modificação realizada no Código Civil em 2002.

A resposta da noiva, ao ouvir a proposta do rapaz: "Casar com separação total de bens? Você desconfia de mim? Você não me ama!"

LIÇÕES APRENDIDAS

O QUE ESTÁ POR TRÁS dessa cena? Nada mais que a proteção do patrimônio da família acumulado há décadas, ao longo de duas gerações.

Alguns podem se perguntar qual o poder e o impacto que o casamento de um membro da família, da segunda ou terceira gerações, pode representar aos negócios e ao patrimônio da família.

Em uma situação como essa, o patrimônio da família pode vir a sofrer, caso não exista a preocupação de protegê-lo de eventualidades futuras que possam atingir o casal de noivos. O casamento pode não dar certo e o casal se separar. Hoje em dia as pessoas não aceitam manter um casamento infeliz somente para evitar a divisão de bens, portanto a possibilidade de separação e divórcio do casal deve ser prevista nos acordos matrimoniais. Assim, o patrimônio de ambas as partes fica protegido dos eventos negativos que possam acontecer.

No caso real descrito, as famílias se reuniram, conversaram e tudo terminou bem.

Esse assunto deve ser tratado com naturalidade por pais e filhos de uma família empresária, desde a tenra idade das crianças. Essa atitude será muito útil para as novas gerações entenderem que existem regras básicas de proteção do patrimônio que, na hipótese de casamento, traduzem-se em regimes legais específicos.

Meu pai ou senhor presidente?

Auditório da empresa repleto de representantes e proprietários de empresas fornecedoras da Cia. Fabricante de Plásticos Ltda., um empreendimento familiar fundado por um brasileiro, atuando com sucesso no mercado há mais de meio século.

O diretor de produção recepciona todos e faz a abertura do evento que apresentará a essa comunidade os novos produtos que serão lançados no próximo ano.

– Bom dia! É um prazer receber em nossa empresa a visita de uma missão dos principais representantes de nossos mais importantes fornecedores. Antes de iniciarmos nossos trabalhos, quero apresentar a todos o senhor Jorge Ferreira e a senhora Ondina Ferreira, os fundadores da empresa... meus pais!

LIÇÕES APRENDIDAS

Jorginho poderia ter feito essa apresentação de forma mais profissional? Qual deve ser o tratamento utilizado pelos membros da família no ambiente empresarial? A resposta é simples: o mesmo tratamento que 99% das empresas, em todo o mundo, utiliza em suas relações internas e comerciais.

Pense em uma empresa muito conhecida no Brasil por seu porte e importantes resultados. Como você imagina que os principais executivos referem-se uns aos outros em reuniões formais? Com muita chance de acerto vamos descobrir que o tratamento é pelo nome próprio de cada um deles e respectivos títulos dos cargos que ocupam no organograma da empresa: "senhor Fulano, diretor de operações"; "senhor Beltrano, vice--presidente de marketing", "senhora Fulana, gerente da área..."

Do ponto de vista da família, o que conta a favor da atitude de Jorginho e de centenas de familiares--gestores é a ênfase na empresa familiar: razão e emoção convivem no ambiente profissional, em um espaço comum que une família e negócios. Para ele, era difícil se expressar em uma apresentação dessa importância sem externar o orgulho que sente pelos pais e pela obra que criaram.

No entanto, a forma correta que deveria ter sido adotada seria referir-se aos pais como presidente e vice--presidente da Cia. Fabricante de Plásticos Ltda.

Nós não brigamos dentro da empresa!

JÁ TEVE A OPORTUNIDADE *de estar em uma loja qualquer e, enquanto aguarda para ser atendido, os funcionários começam a discutir na sua frente? Muitas pessoas já passaram por momentos como esse.*

O que você sentiria se estivesse nessa situação? Um constrangimento enorme? Um grande susto? Vontade de não estar ali naquele momento? Talvez todos esses sentimentos ao mesmo tempo?

É exatamente isso que sentem os funcionários que não são membros da família quando os donos da empresa entram em conflito explícito dentro do escritório. Por incrível que pareça, os membros dessas famílias acreditam, sinceramente, que os funcionários da empresa não percebem as brigas.

Apenas como curiosidade, pergunte aos funcionários de uma empresa familiar como se sentem ao ver "brigas entre os donos acontecendo em pleno expediente quase todos os dias". Provavelmente você receberá respostas como: "Quando aquela porta se fecha com eles lá dentro, já sabemos que o pau vai quebrar...", "Eles brigam e nós ficamos com medo de perder nossos empregos quando a briga acabar...", "Se brigam assim no escritório, imagine o que deve acontecer na casa deles..."

Essas impressões e sentimentos prejudicam o desempenho dos funcionários, reduzem a taxa de motivação e rompem o elo de confiança entre eles e a família. Além disso, as brigas no escritório prejudicam também a imagem institucional da empresa (e das empresas familiares como um todo), pois é quase certo que os funcionários vão comentar esses acontecimentos com seus familiares e pessoas mais próximas.

A solução para as brigas que prejudicam os negócios e ameaçam o patrimônio de muitas famílias empresárias que cultivam esse mau hábito fica cada vez mais distante quando ouvimos de parentes ligados a essas empresas a seguinte declaração: "Não! Nós não brigamos dentro da empresa!"

Parentes que não trabalham nos negócios da família

Vamos imaginar *uma família empresária que controla o capital de um (ou mais) negócio fundado por avós, pais e tios. Basicamente, isso significa que todos os parentes próximos – e aqueles não tão próximos – são, ou serão, sócios do patrimônio da família.*

Alguns familiares trabalham na gestão dos negócios da família ou, eventualmente, nos conselhos que gravitam em torno dos negócios. Outros não têm proximidade com a empresa, apesar de, por direito, serem sócios desses negócios.

Se os familiares que estão distantes do dia a dia do negócio forem questionados a respeito do que pensam sobre a empresa e os parentes que trabalham nela, serão colhidas tanto impressões positivas quanto negativas. Coisas como: "Além de trabalhar na empresa, eles ainda ganham um salário; eu também queria trabalhar lá" (sem considerar se tem, ou não, competência para tanto), "Vai saber o que estão aprontando com nosso dinheiro" e "Não sei de nada, só sei que aquela turma está lá trabalhando na empresa de nossa família e sabe lá o que estão fazendo..."

LIÇÕES APRENDIDAS

O PADRÃO DE COMUNICAÇÃO dentro da maior parte das famílias deixa muito a desejar. No entanto, no dia a dia, os laços afetivos, a emoção e a confiança superam essa barreira e problemas mais graves são evitados.

Porém, a comunicação entre parentes que ocupam diferentes posições dentro do desenho da família é um tema que merece muita dedicação e cuidado, sendo interessante contratar os serviços e o apoio de especialistas, se possível.

Em geral as famílias empresárias se dividem entre os que trabalham e os que não trabalham na empresa. Com certa dose de razão, as pessoas que compõem o segundo grupo (os que não trabalham na empresa da família) não costumam receber informações oficiais e claras a respeito do desempenho dos negócios dos quais são sócios (ou futuros sócios) e criam fantasias em torno deles.

Quando chamadas a opinar a respeito da empresa, emitem suas opiniões recheadas de emoção, baseadas em históricos de convivência e no padrão de comunicação com seus parentes. Ao retirar dessas respostas o fator emocional, será possível perceber que os familiares que não trabalham na empresa apenas gostariam de ser informados sobre a saúde financeira dos negócios, quais os planos para seu desenvolvimento no mercado e quais as perspectivas futuras de valor da empresa.

A recomendação é que sejam criados instrumentos e oportunidades para que todos os membros da família recebam informações a respeito do desempenho da empresa, que é o patrimônio comum. Ou seja: comunicação, quanto mais clara e abundante, melhor!

Criador e criatura: uma relação com mais de cinquenta anos

O PAI HOJE ESTÁ com 82 anos de idade. Seus filhos estão com 61 e 49 anos. O pai fundou a Empresa Prestadora de Serviços de Limpeza Especializada há 51 anos. O início foi muito duro, mas a empresa cresceu e hoje em dia é reconhecida como um dos maiores e melhores players *do mercado regional no Nordeste do país.*

Entre os funcionários está, por exemplo, o senhor Fernandes – contador –, que trabalha com o fundador desde o ano imediatamente posterior à criação da empresa. O senhor

Hanschemberger, motorista e amigo de infância de um dos irmãos do fundador, está na empresa há aproximadamente 38 anos. Os irmãos mais novos do fundador trabalham com ele desde o início da empresa, ocupando cargos de apoio, e não têm formação específica. Quatro primos também fazem parte do quadro de funcionários da empresa.

As funções atuais do fundador estão ligadas à representação externa da empresa no Sindicato Patronal, no qual é presidente há mais de dez anos, e à representação institucional da empresa diante de clientes maiores e mais novos.

Os filhos têm formação superior e trabalham na empresa desde jovens. Um dirige a área comercial; o outro, a área financeira. Eles têm autonomia quase total para tomar decisões de médio impacto no resultado. O pai intervém nos processos e nas decisões quando entende ser necessário, sem pedir licença aos dois executivos. O filho mais jovem rebela-se com mais ênfase contra as interferências do pai (poucas, mas, quase sempre, desastradas).

O filho mais velho tem perfil conciliador, entende que a empresa faz parte da vida do pai e que só existirá total autonomia para ele e o irmão quando o pai decidir ou não estiver mais entre eles – momento em que, provavelmente, novos problemas surgirão para os irmãos.

A maior inquietação do filho mais velho é perceber que ele e o irmão não estão suficientemente preparados para suprir o cargo político que o pai exerce, pois as atribuições do dia a dia de suas funções tiram a possibilidade de se preocuparem, na prática, com esse assunto. Além disso, o tema sucessão é praticamente proibido de ser tratado com o fundador.

LIÇÕES APRENDIDAS

EXISTEM PESSOAS ESPECIAIS? Seres humanos são diferentes; não em sua essência, mas principalmente quanto às suas escolhas: o livre-arbítrio.

Na prática, existe um conjunto de pessoas no mundo cuja história de vida, realizações pessoais e forma como se relacionam com suas expectativas as tornam muito especiais. São os empreendedores, homens e mulheres, fundadores de negócios.

Existem inúmeras teorias a respeito da origem e formação dos empreendedores e seus negócios bem-sucedidos. Certo é que fundadores de empresas são pessoas especiais nesse sentido. A um só tempo descobriram um jeito de trabalhar, ganhar seu sustento e produzir resultados para a sociedade, muitas vezes partindo do zero absoluto. Geram milhares de empregos em todo o mundo. Os mais arrojados são os que descobrem cedo que empreendedores não são bons gestores, salvo exceções. Sua energia e competências estão voltadas para a criação de empreendimentos, e devem ser respeitados por isso.

Os empreendedores apaixonam-se por suas obras, passam a ter uma relação de "criador e criatura" com seu negócio e começam a ter dificuldade de se desligar do dia a dia da empresa, pois é isso que lhes garante não se distanciar do objeto de sua criação.

Por 20, 30, 40 anos criam uma relação com a rotina de sua obra, processos que lhes garantem ser imprescindíveis ao sucesso do negócio, praticamente insubstituíveis.

Porém, na prática, quando são acometidos por um problema de saúde que os afasta da direção ou pela morte, a realidade mostra que os negócios sofrem um intenso solavanco, pois quase sempre ninguém foi treinado para substituí-los integralmente. A médio prazo, na maioria dos casos, essa etapa é ultrapassada e a vida continua, assim como os negócios da família.

Para uma reflexão, ficam algumas perguntas: Quando é a hora de passar o bastão? Qual o impacto, na gestão e no relacionamento entre os sócios, da não existência de um processo planejado para a formação de sucessores, os novos líderes, que darão continuidade à obra iniciada pelo fundador?

Falar com meu pai sobre sucessão? Eu?

– *Vocês querem me colocar no túmulo antes da hora! Pensam que não tenho mais capacidade para tocar o negócio que fundei? Filhos ingratos!*

– *Mas, papai, eu apenas queria conversar sobre a realidade dos negócios e do mercado. Não tive a intenção de ofendê-lo. Estou trabalhando na empresa há mais de dez anos; apenas gostaria de ter uma visão do meu futuro!*

LIÇÕES APRENDIDAS

Essas e outras acusações são comuns na maior parte das vezes em que herdeiros tentam conversar com o fundador, quando ele já está em idade avançada, a respeito do momento da sucessão ou de uma participação mais ativa nas principais decisões da empresa.

As razões das acusações do fundador, quase sempre, giram em torno de temas que na sociedade ocidental são tratados como tabu. Nesse caso, o tema "afastamento das funções" pressupõe ser esquecido pelos entes queridos, não ser reconhecido pelos feitos alcançados e morrer.

Tecnicamente, no entanto, o fundador deveria ter planejado sua carreira. Esse aspecto não estava, até bem pouco tempo, na agenda da maioria dos profissionais de qualquer idade no Brasil. O fundador ou o dirigente da empresa familiar tem no negócio que empreendeu ou passou a dirigir tempos atrás o seu projeto de poder (em sentido literal e positivo). Só deixará sua posição hierárquica caso tenha um novo projeto no qual desempenhar um papel da mesma magnitude que ocupa hoje.

Pesquisa realizada com cem empresas familiares localizadas em todo o Brasil mostrou que 98% delas não estavam preocupadas com o planejamento de carreira do fundador, tampouco com o planejamento para os dirigentes da segunda ou terceira geração[7]. Não há uma receita comum para resolver todos os casos. Cada situação deverá ser abordada e encaminhada de forma única, sob medida.

Um aspecto que trará mais conforto ao fundador e poderá ajudar a colocar o assunto em sua agenda de discussões é que qualquer encaminhamento que for negociado ainda manterá seu poder.

---

[7] Pesquisa realizada por Eduardo Najjar e Pedro Adachi, pelo Núcleo de Estudos de Empresas Familiares e Governança Corporativa da ESPM-SP, com um universo de cem empresas familiares brasileiras no ano de 2009.

Justiça do fundador

A COMPANHIA NACIONAL de Tabletes Ltda., indústria farmacêutica instalada no Brasil desde 1952, foi fundada pelo senhor Smytskowsky e pela senhora Gianoskowsky, farmacêutica formada na Alemanha e pesquisadora reconhecida internacionalmente.

O filho mais velho do casal de fundadores, Júnior, vai se casar. Ganhará, além de uma bela festa, uma casa e um aumento de salário. Em casa, a mãe comenta essa decisão:

– Que alegria podermos proporcionar ao nosso filho um presente como esse! Mas preocupa-me o que nossos outros dois filhos vão pensar a respeito disso.

– À sua época, cada um receberá também valores e bens equivalentes, querida.

– Refiro-me à pergunta que os irmãos fizeram, dia desses, sobre o aumento de salário que o Júnior receberá, já que os três trabalham com a mesma competência, dedicação e amor à empresa. Acho que gostariam de também receber um aumento salarial.

– Um dia eles entenderão, quando chegar a vez de receberem os mesmos presentes.

– Espero que não apressem seus casamentos propositalmente para receber os incentivos.

LIÇÕES APRENDIDAS

PARA EXAMINAR o diálogo que reflete a conduta do fundador e sua esposa, coloque-se na situação dos três irmãos: 32, 25 e 22 anos. Como você reagiria se fosse um dos irmãos mais novos? Com menos idade, mais energia, visão de mundo mais imediatista e uma análise mais objetiva de que um de seus pais – ou ambos – pode já ter morrido quando for sua vez de ganhar um presente equivalente. Além disso, onde está a justiça pela qualidade do trabalho que os irmãos desenvolvem na empresa?

Todos esses pensamentos e fantasias passam pela cabeça dos herdeiros, em situações como essa e em inúmeras outras em que o fundador toma decisões arbitrárias, de acordo com seu "senso de justiça", a respeito dos herdeiros ou familiares que trabalham em sua empresa. Essa forma de agir tem suas implicações, que se complicam ainda mais após a morte do fundador. Os irmãos podem contestar essas decisões e haver briga na família.

Esse é mais um aspecto cuja solução está intimamente ligada à vontade do fundador e sua esposa, sem chance de ser colocado em discussão pelos demais membros do núcleo familiar. Sempre será mais saudável estimular uma discussão em torno de assuntos como esse do que acatar uma decisão unilateral.

Gerar valor para os negócios da família

Quarta-feira, *dia normal de trabalho na Alimentos do Brasil Ltda.*

Alice, 25 anos, sobrinha de um dos proprietários da empresa, trabalhando há cerca de seis meses na área de tecnologia da informação, chega a seu posto de trabalho às 10h45 reclamando do trânsito. Começa a trabalhar e, mais tarde, comunica à gerente da área que terá de sair por volta das 15h para uma consulta médica. Sua chefe questiona a ausência, visto que está agendada, há mais de uma semana, uma reunião interna da área para esse dia às 17h. Alice se desculpa explicando que a consulta médica não pode ser desmarcada, pois, caso contrário, deverá arcar com o custo: "Peço desculpas. Eu havia me esquecido da reunião interna. Mas amanhã leio a ata e, se tiver dúvidas, peço a um colega que me explique".

***

Zeca, 28 anos, formado há um ano em educação física, é sobrinho do principal acionista do Banco "Y". Trabalha na empresa há cinco meses. Seu superior imediato, chefe da seção de câmbio, tem algumas restrições a respeito do trabalho do rapaz. Ele acumulou vários atrasos no horário de entrada e alguns desentendimentos com colegas de outras áreas por problemas pessoais e pela forma como se relaciona com eles. Sua postura foge dos parâmetros da cultura da empresa e, quando está no limite,

*costuma usar como argumento o fato de ser membro da família
que é a principal acionista da empresa.*

***

*Dona Amelinha, 66 anos, tia do CEO da Fábrica de Equi-
pamentos Mecânicos Três Lagos Ltda., é acionista com 4,5%
das ações da empresa e está sempre reclamando que não sabe
como está se saindo a empresa da qual é sócia. Quando lhe
perguntam informa que recebe, a cada dois ou três meses, um
envelope com muitos papéis que contêm informações sobre a
empresa; inúteis para ela, pois não consegue entender o conteúdo. Aliás, os três últimos envelopes estão guardados ainda
sem abrir, pois desistiu de tentar entendê-los. Promete que na
reunião de acionistas, no final do ano, vai reclamar com o
sobrinho, na frente de todo o mundo, "pois isso não pode continuar assim".*

***

*Honorato, 42 anos, neto do fundador da rede de varejo YTP,
gerente de suprimentos. Casado, três filhos, trabalha há mais de
dez anos na empresa da família. É engenheiro de produção formado por uma das melhores universidades brasileiras e tem implementado processos importantes para a melhoria da qualidade*

em sua área, o que tem refletido em outros departamentos. Muito respeitado e admirado pela maioria dos funcionários da empresa, é o típico homem que resolve problemas em vez de criá-los. Honorato possui visão grande-angular de sua carreira, um plano em que fixou aonde pretende chegar nos próximos cinco anos. Vê com preocupação o movimento desordenado de membros da família ocupando cargos na empresa, sem critérios que a protejam das aventuras profissionais.

LIÇÕES APRENDIDAS

O CONCEITO DE GERAÇÃO de valor para a empresa, discutido e analisado por inúmeros especialistas em todo o mundo, é claro para grande parte dos profissionais e empresas. Para a maioria das famílias empresárias e empresas familiares que atuam no Brasil, no entanto, ainda é um ponto a ser mais bem compreendido.

Geração de valor na gestão e na administração de uma empresa é um conceito relativamente bem difundido no mercado. Como já discutido nos capítulos iniciais, a família é responsável pela perenidade e sobrevivência da empresa familiar ao longo das gerações. A manutenção da harmonia nas relações familiares é ponto de grande importância na preservação do patrimônio das famílias empresárias.

Observando os exemplos citados, é possível ver claramente que as três primeiras situações referem-se a comportamentos que tiram valor da empresa, ou seja, não acrescentam aspectos positivos para que funcionários, fornecedores e até o mercado admirem as atitudes que observam na relação dos membros da família com os demais familiares e funcionários.

No que se refere a Honorato, no entanto, ele demonstra atitudes que aumentam a sinergia do seu trabalho como profissional em relação aos demais profissionais que desempenham funções na empresa. É muito importante que todos os membros das famílias empresárias, em especial os que fazem parte do organograma da empresa, atuem de forma que seu exemplo de postura, competência profissional e comportamento social (dentro e fora da empresa) auxiliem na melhoria contínua dos processos internos e, em última análise, no resultado da empresa. Isso aumentará o valor da empresa.

O valor da empresa, no mercado, é um conjunto de variáveis (não só o resultado operacional), mas também sua imagem, qualidade de produtos e serviços, capacidade de gerar resultados a médio e longo prazo etc. É óbvio que, se esse valor aumentar constantemente, aumentará também o valor do patrimônio individual de cada membro da família controladora da empresa.

Estou decepcionando meus pais?

Lúcia é a filha mais nova de três irmãos. Filha exemplar, formada nas melhores escolas da região em que vive, cursou um semestre em instituição de ensino na Europa e trabalha em uma empresa de prestação de serviços financeiros há dois anos.

Os irmãos mais velhos já têm suas carreiras consolidadas; um deles na empresa da família. Os dois são casados e cada um tem dois filhos. Lúcia está com casamento marcado para o próximo ano. O noivo é um bom rapaz, querido pela família.

O pai, diversas vezes, tentou convencer a filha a trabalhar na empresa da família. Ela prefere preparar-se em outras empresas do mercado para, só então, trabalhar com o pai. Certo dia, em um café da manhã, conversando com a mãe, teve uma crise de choro.

A causa?

Tem certeza de que não está atingindo as expectativas do pai e da mãe em sua carreira profissional. Pesa em sua consciência não ter aceitado, ainda, trabalhar com o pai. Também sente culpa por não conseguir auxiliar a mãe em seus afazeres domésticos. Não está segura sobre os pais aprovarem sua escolha sentimental e, por fim, acha que decepciona o noivo por, em algumas ocasiões, optar por fazer companhia aos pais em compromissos sociais da colônia a que sua família pertence.

O que pode ser aconselhado a Lúcia para reduzir sua angústia?

LIÇÕES APRENDIDAS

GRANDE PARTE DOS HERDEIROS de famílias empresárias questiona-se como Lúcia, com maior ou menor intensidade.

Além do natural choque de opiniões entre diferentes gerações, as fontes dos problemas costumam datar de longas décadas. Em geral, os fundadores ocupam-se por muitos anos com a criação e o desenvolvimento da empresa. As crianças crescem rapidamente, começam a fazer suas primeiras escolhas e esbarram nos sonhos dos pais. Na maior parte dos casos, as expectativas dos pais e a vontade dos filhos no que se refere ao encaminhamento profissional são diferentes.

Em muitas famílias, os assuntos sobre a empresa poucas vezes são tratados focando o futuro dos negócios. Claro que a existência da empresa sempre foi um dado muito concreto para todos. A questão do trabalho dos familiares na empresa, porém, não é uma situação explorada a fundo. No momento de uma definição individual dos jovens a respeito de seus caminhos profissionais, pode ocorrer um encontro, ou um choque, entre o que os pais pensam acerca do assunto e a posição de cada filho.

Nesse sentido, os pais têm certeza de que suas convicções refletem o melhor para os filhos. Há situações ainda mais complicadas, quando pai e mãe pensam diferente a respeito do futuro dos filhos no aspecto profissional e se os jovens devem, ou não, trabalhar nos negócios da família. Os filhos, obviamente, entendem que o que pensam ou sentem é o caminho correto a percorrer.

O risco nessas situações é a não aceitação pela outra parte daquilo que cada membro da família tem em mente e, consequentemente, o reforço do sentimento de inadequação de ambas as partes. Como nessa situação o poder econômico e a liderança do grupo familiar estão nas mãos dos pais, sobra para os filhos ficar com a maior parte do sentimento de inadequação diante das expectativas dos pais.

A indicação para encaminhar situações como essas é o diálogo. Considerando que, na maioria das famílias empresárias, a comunicação não costuma ser a maior virtude, deve haver um esforço para que as barreiras à comunicação sejam superadas e o assunto seja discutido com abertura e, se possível, sem emoção.

Quem manda é a mamãe!

O SENHOR AGAPITO, fundador da empresa, tem 76 anos e dona Mariana, sua esposa, tem 62 anos. O casal tem cinco filhos, três deles trabalhando na empresa da família, a Cia. de Tecidos da

América Ltda., fundada há 48 anos. O casal já tem 11 netos na terceira geração da família. Os cinco filhos estão reunidos para trocar ideias a respeito do futuro do patrimônio da família.

O primogênito toma a palavra:

– Quero dividir com todos, e principalmente com vocês que não trabalham na fábrica, que está cada dia mais difícil lidar com a divisão de poder (refere-se aos pais) na fábrica! Papai está cansado, chega em torno das 14h, passa os olhos por alguns papéis, chama seus funcionários preferidos para saber "como andam as coisas", troca alguns telefonemas com clientes com quem tem mais proximidade, toma um chá, dá uma volta pelo pátio, volta pela parte superior da fábrica observando "se há algo de errado", assina alguns papéis por orientação da mamãe e volta para casa.

Fez uma pausa e continuou:

– Mamãe chega por volta das 10h, assina cheques e alguns documentos por indicação do gerente financeiro, sai para o almoço com amigas ou clientes mais importantes e retorna à tarde "com a corda toda" nos questionando sobre coisas que não agregam valor ao nosso trabalho. Tenta interferir em nossas decisões, discute com um de nós, vez ou outra chama nossos subordinados longe da nossa presença para fazer perguntas fora do contexto e, em seguida, chama-nos para confrontar as respostas de nossos subordinados com o que estamos falando. Toma decisões com as quais nosso pai não concordaria, mas nunca ficará sabendo... Enfim, um inferno quase diário!

– Mas papai já não disse que um de vocês três deve tomar as rédeas da fábrica e você, Arturzinho, deve assumir a diretoria-geral? – pergunta uma das irmãs.

– Sim, mana, mas nossa mãe, como diretora financeira, não permite que isso aconteça, pois interfere diretamente em cada decisão que tomo. Mesmo quando explico a ela que se trata de uma posição de nós três! Para ser mais exato, ela interfere, preferivelmente, quando sabe que nós três estamos de acordo com a decisão!

LIÇÕES APRENDIDAS

O PROCESSO DE SUCESSÃO é uma atribuição dos familiares que comandam os negócios da família. Ele não deve ser encarado como uma probabilidade de algo que acontecerá algum dia, tampouco como uma ameaça que paira sobre a empresa familiar e seus acionistas e herdeiros.

É importante que os membros de uma família empresária, principalmente aqueles que estão mais próximos da gestão do negócio, planejem e coloquem em prática algumas decisões para ajudar na gestão da empresa, do patrimônio familiar e da família. E tudo isso deve acontecer, de preferência, enquanto o fundador e sua esposa (ou o dirigente principal, quando o fundador já não estiver presente) estiverem vivos.

Muitos dos aspectos abordados em outros capítulos deste livro fazem parte do processo de sucessão. Nessa circunstância, verificam-se situações muito comuns:

- O fundador afasta-se das atividades principais do negócio.
- Como "compensação", ocorre o crescimento, fora de propósito, da interferência da esposa do fundador no dia a dia da empresa.
- A imagem da família diante dos funcionários sofre um desgaste.
- O desgaste ultrapassa o território físico da empresa e chega a clientes e fornecedores.

Na maioria das ocasiões, a causa dessas e outras anomalias pode ser entendida como uma consequência do fato de o planejamento sucessório não ter sido realizado a tempo. Um diferencial positivo nesse exemplo é a relação harmoniosa entre os irmãos, que conseguem tratar de assuntos difíceis, alguns com grande carga de emoção, com calma e objetividade. Mesmo assim, é preciso analisar até quando a paz reinará entre os irmãos. Há casos de famílias em que uma ruptura do equilíbrio entre irmãos ou primos coloca em risco todo o patrimônio.

Um fator decisivo que pode ameaçar o equilíbrio é a morte de um dos pais (principalmente da figura masculina). A recomendação para situações equivalentes a essa é o início do processo de formação de novas lideranças na família, dentro de um processo de sucessão, o mais rápido possível.

Quero a minha parte!

REUNIÃO DA FAMÍLIA *controladora da Transportadora Transportes Ltda. Estão presentes o fundador, a esposa e os quatro filhos, dois deles diretores da empresa: Bianca e Alexandre. Os outros dois filhos são Mônica, estudante, e Marcos, que trabalha na área de pesquisa em biologia. Sua esposa, dermatologista, é proprietária de uma loja de cosméticos, negócio inicialmente financiado pelo marido. A reunião foi solicitada por Marcos.*

Sua expectativa é mostrar à família que a loja de sua esposa precisa de um aporte de capital, pois o volume de vendas vem aumentando nos últimos oito meses. O dinheiro é necessário para aumentar o estoque e para reformar a loja por orientação da administração do shopping center *onde está localizada.*

O fundador inicia a reunião comunicando que as decisões ali tomadas dependerão da unanimidade de todos os familiares presentes. Conhecendo muito bem seus filhos, avisa que não admitirá discussões acaloradas. Passa a palavra para Marcos, que explica o motivo da solicitação, apresenta gráficos a respeito do desempenho da loja e termina a exposição solicitando que seja antecipada a distribuição dos dividendos anuais, bem como de parte da herança a que tem direito.

Marcos recebe críticas dos irmãos, principalmente de Mônica, que não mantém boas relações com a esposa dele. A discussão, ao contrário do pedido do pai, fica acalorada. A mãe tenta acalmar os ânimos, mas também pontua que Marcos mudou muito desde que se casou.

Marcos, nervoso, pede a palavra e faz a solicitação-padrão de muitos herdeiros, depois de esgotados todos os argumentos por liquidez para convencer os tomadores de decisão: "Quero vender minha parte em nossa sociedade!"

O mundo cai, por três vezes, com a discussão que se segue na sala de reuniões. Para agravar, aspectos técnicos e de comportamento pesam negativamente na situação:

- *As cotas da sociedade ainda estão nas mãos do fundador e de sua esposa, portanto Marcos está pedindo algo cuja decisão envolve procedimentos complexos.*
- *Seus irmãos sentem-se muito magoados por Marcos nunca ter trabalhado com o pai, apesar dos inúmeros apelos que o fundador sempre fez a ele.*
- *Sua esposa tem problemas de relacionamento com todos os irmãos, desde o tempo em que namoravam.*

LIÇÕES APRENDIDAS

ESSA SITUAÇÃO, com maior ou menor grau de intensidade, em diversos formatos e em diferentes regiões do país, ocorre com mais frequência do que se pode imaginar.

A causa do problema é a inexistência de um acordo formal entre os familiares-herdeiros. A empresa familiar, como já foi visto anteriormente, depende da harmonia das relações da família que controla seu capital. O aumento da complexidade dos relacionamentos sociais reflete diretamente nas relações familiares e, por consequência, é mantida entre herdeiros.

Os irmãos, em uma família empresária, são sócios que não tiveram a oportunidade de se escolher como tais. A forma moderna para evitar situações como essas é realizar um acordo entre os familiares, focando as áreas que podem causar conflitos entre eles.

Como é perceptível no caso estudado, existem conflitos não trabalhados entre os irmãos. Para isso existe o acordo, que define as regras, os limites e as decisões que serão aplicados aos familiares para utilização do patrimônio. Todos os pontos que podem criar situações conflituosas no futuro entre pais, irmãos, primos e sócios devem ser discutidos e formalizados nesse acordo.

O processo de desenvolvimento do acordo faz que os familiares aprendam a tratar de assuntos difíceis, sem permitir que a emoção atrapalhe as relações.

Primeira geração: vínculo pelo trabalho

O ARMAZÉM CRESCEU, as famílias dos dois sócios também. Os patriarcas sempre trabalharam juntos para manter o negócio, sem dar muita importância ao acúmulo de capital. Apenas trabalhavam enquanto o negócio se expandia. Em 1960, já havia no lugar do armazém um supermercado de porte médio. Nessa época, alguns filhos já haviam nascido em ambas as famílias. Em 1980, os fundadores tinham quatro lojas e quatro filhos cada um. Em 2000 tinham sete lojas, sendo uma em Belo Horizonte. Filhos e netos somavam dezenove pessoas.

Em 2007 a rede de Supermercados Montana já tinha um tamanho mais do que razoável, ocupando lugar de destaque entre as redes de varejo de Minas Gerais. Alguns filhos das duas famílias (segunda geração) trabalham na rede.

Os oito filhos das duas famílias relacionam-se muito pouco. Mesmo os que trabalham e convivem nas lojas do Montana não frequentam as festas e os eventos familiares. Dois são diretores e outros quatro gerentes de áreas. Já nasceram dez netos e um bisneto está a caminho. Os fundadores relacionam-se bem com todos nas duas famílias, são respeitados e sempre consultados nas decisões mais importantes.

Os planos do Montana são de crescimento anual. Alguns netos (terceira geração) já planejam trabalhar na empresa da família; alguns irmãos (segunda geração das duas famílias) pensam em continuar na administração da rede; uns falam em aposentar-se em breve e dois deles "querem sua parte do patrimônio" para realizar planos pessoais.

LIÇÕES APRENDIDAS

Os MEMBROS DA PRIMEIRA geração de uma empresa familiar vinculam-se pelo trabalho, pelo sonho comum, pelo projeto que desenharam juntos, pelo desafio e pela amizade que une os sócios. A ordem do dia é: "Vamos trabalhar! Depois contamos o lucro juntos!" Não se importam com as condições do trabalho, que geralmente é muito, nem com a aquisição de bens materiais para si mesmos. O que importa é colocar a empresa para a frente, prosperar. Anos depois, com o negócio mais consolidado, passam a se preocupar também com questões menos operacionais e a atender às necessidades mais supérfluas da família.

A segunda e as demais gerações vão vincular-se pelo capital. Geralmente, não participaram da criação do negócio. Quando nasceram, o negócio já estava mais estruturado e eles puderam colher frutos da intensa dedicação dos pais ao trabalho. Um erro cometido por quase todos os pais e mães de famílias empresárias, e que vai gerar uma conta a ser paga mais tarde na vida da família, é dar aos filhos todo o conforto que não tiveram quando jovens.

Uma consequência direta dessa proteção extrema dos pais é extinguir o perfil empreendedor dos jovens, justamente por falta de desafios que os forcem a resolver problemas básicos do dia a dia com criatividade.

O alinhamento dos objetivos entre os membros da segunda e das demais gerações é um ponto essencial para a proteção das relações societárias e do patrimônio da família. A recomendação é desenvolver um trabalho de conscientização e de crescimento do papel dos membros da família empresária como futuros sócios de seus negócios, e valorizar as boas relações entre todos como fundamento para proteção do patrimônio familiar.

Doar parte do capital da empresa

UMA PEQUENA CASA de lanches faz sucesso entre imigrantes e moradores de um bairro operário de São Paulo nos anos 1940. Ismael, o fundador, sua esposa e seu filho trabalham preparando e servindo refeições dia e noite, além de cuidarem de todas as demais atividades de manutenção do pequeno negócio.

O crescimento gera a necessidade de contratação de mais pessoas para ajudar no trabalho. O senhor Ismael convida um amigo de infância para ajudá-lo. De acordo com seu senso de justiça, oferece 7% do capital da sociedade, sem que precise desembolsar nenhum valor. O amigo aceita o convite e a participação no capital; começa a trabalhar ajudando bastante em tudo o que havia para ser feito.

O tempo passa, senhor Ismael planeja diversificar o negócio que, a essa altura, já é um restaurante; faz investimentos, abre uma rotissaria. Nessa época, seus três filhos – João, Mara e Júnior – trabalham com ele.

O ano de 1998 marca uma dura realidade: o falecimento do senhor Ismael.

Inúmeras consequências decorreram desse fato. Uma das mais importantes foi o fortalecimento da união entre os irmãos, filhos do fundador. Naquele ano a rede era composta por 12 restaurantes e quatro rotissarias no município de São Paulo; e ainda 16 restaurantes e outras 11 rotissarias distribuídas pelo estado de São Paulo, metade delas no modelo de franquias. Hoje em dia a rede está ainda mais vigorosa, com planos de crescimento.

Os filhos do senhor Ismael têm ótima relação com o sócio minoritário, que, apesar da idade avançada, ainda trabalha ao lado deles. Para que tudo fique totalmente perfeito, há apenas

uma necessidade: que o sócio minoritário venda os 7% da socie-
dade aos filhos do senhor Ismael.

Mas os filhos de Josimar, o sócio minoritário, não aceitam
que o pai venda o percentual que ele detém na sociedade. Eles
têm 29 e 33 anos. Um deles é estudante de um curso de pós-
-doutorado em uma universidade paulista; o outro é funcionário
de um pequeno armazém. Esse núcleo familiar – pai, mãe e filhos –
tem a parte mais importante de seu rendimento nos dividendos
distribuídos trimestralmente entre os sócios da rede de restau-
rantes e rotissarias.

João, Mara e Júnior têm planos de expandir a rede. Para
tanto necessitam atrair capital de investidores nacionais e inter-
nacionais e, portanto, desenvolver um modelo de governança mais
moderno e confiável. Essa providência esbarra na aprovação do
sócio minoritário. Os eventuais investidores exigem esse passo
modernizante para colocar fundos à disposição da empresa.

Tudo por conta de uma doação de capital feita nos anos 1940!

LIÇÕES APRENDIDAS

É TOTALMENTE contraindicado doar participação no capital de uma empresa a quem quer que seja fora da família
empresária, por qualquer razão. As consequências podem ser muito prejudiciais à empresa e aos familiares,
como demonstrado no caso descrito.

Até hoje existem dirigentes de empresas familiares que acreditam ser esse um fator de retenção de talentos em seus negócios. Oferecem tal participação a um custo baixo, muitas vezes subsidiado ou até, imagine, sem custo!

Para dirigentes que insistem em adotar essa forma de conduta, apenas um conselho: cuidem com profissionalismo da empresa e das participações societárias. É parte do legado da família! Portanto, cuidado com a tentação de doar participação no capital de seus negócios. É uma medida não recomendada.

Relacionamento afetivo entre sócio e funcionário

ARNALDO É FILHO ÚNICO do fundador da Editora Paranaense Ltda., o senhor Alves. Trabalha na editora da família, na área de suprimentos e logística, há dez anos. A editora vem apresentando crescimento a taxas elevadas nos últimos cinco anos. A previsão é que essas taxas mantenham-se nos próximos cinco anos, pelo menos.

O desenvolvimento de Arnaldo, como executivo, ocorre a olhos vistos. Rapaz estudioso, dedica-se com afinco às melhorias da gestão da editora. É reconhecido como competente sucessor do senhor Alves, com apoio de todos os funcionários da editora, do mais simples ao mais graduado.

Há cinco anos a editora contratou uma executiva, Lena, para gerenciar a área financeira. A convivência diária fez que se aproximassem e, depois de algum tempo, se casassem. O casal tem dois filhos pequenos, um menino com um ano e meio de idade e uma menina com 6 meses.

Arnaldo e Lena têm planos de continuar trabalhando pelo crescimento da editora, para que os filhos tenham segurança e um patrimônio no futuro.

LIÇÕES APRENDIDAS

ESSE É UM EXEMPLO real de história com final feliz. Infelizmente algumas histórias dessa natureza não têm encaminhamento tão perfeito. Entre as responsabilidades dos membros de famílias empresárias está, inclusive, o relacionamento respeitoso e cuidadoso com funcionários da empresa.

Em algumas organizações existem políticas que proíbem o envolvimento afetivo entre funcionários, chegando ao extremo de um deles ter de deixar a empresa caso inicie um relacionamento com um colega.

Um programa de desenvolvimento de familiares e herdeiros para o papel de sócios enfatizará, entre outros pontos, os ônus e bônus que os acompanharão por toda a vida.

O fundador tem uma nova esposa... bem mais jovem!

– Estamos reunidos aqui, na casa de nossa irmã Pit, para conversar a respeito de papai. Todos têm acompanhado as aventuras do papai após a morte de nossa mãe, quatro anos atrás. A cada situação dessa natureza, ficamos angustiados e quase imobilizados aguardando o fim do pesadelo. Desta vez, no entanto, parece que a coisa é mais séria. Ontem, ao nos agradecer pela festa de 82 anos, papai declarou em público que vai se casar com Jussara, 35 anos mais jovem que ele. Pit, como filha mais nova e com acesso mais fácil para tratar de assuntos difíceis com ele, você poderia abordá-lo para uma conversa de amigos. Caso a conversa não seja produtiva, nosso irmão Toni poderia nos auxiliar com medidas jurídicas para resguardar o patrimônio da família.

– Desculpe, Aarão – interveio Toni –, mas não posso interferir profissionalmente em temas em que estou envolvido emocionalmente. Terei todo o prazer de indicar um colega competente para nos apoiar tecnicamente, se for o caso.

Aarão assentiu com a cabeça e continuou:

– Como irmão mais velho e CEO da empresa da família, pergunto se estão de acordo em procurarmos formas de resguardar nosso patrimônio, inclusive juridicamente, se preciso.

LIÇÕES APRENDIDAS

ESSE ENCONTRO em tom amigável não é comum nas famílias empresárias quando um fato como esse atinge o ambiente familiar. Mas, para efeitos de análise, repete-se, aqui, a causa primária de todos os problemas na empresa familiar: a falta do processo de planejamento sucessório. Fica ressaltada a importância do desenvolvimento de um acordo formal entre os familiares para situações que possam causar conflitos ou ameaçar o patrimônio da família.

A comunicação entre herdeiros e fundador é sempre muito complexa quando trata da relação entre fundador e familiares gestores discutindo a sucessão empresarial. Essa característica negativa da comunicação intensifica-se quando as questões abordam a área pessoal – assuntos privados do fundador ou dos herdeiros.

De toda forma, esse é um fato que tem acontecido com maior frequência nos últimos anos e faz parte do universo de ameaças ao patrimônio das famílias empresárias. A recomendação possível para esses casos é desenvolver o acordo entre os familiares. Na iminência de ameaças ao patrimônio da família a proteção jurídica é a única possível, conforme a natureza do caso.

Um filho é mais competente do que o outro

RILDO, *27* ANOS, *e Mazola, 24 anos, são irmãos, herdeiros da rede de padarias Pão Nosso Ltda. Trabalham com os pais há, aproximadamente, dez anos. Ambos já receberam uma pequena participação em cotas da sociedade e mensalmente recebem como pró-labore quantias iguais pelo trabalho que realizam.*

Uma vez a cada um ou dois anos o pai troca os automóveis dos filhos – livre escolha dos rapazes dentro de um limite de valor. Mazola, o mais novo, é imensamente mais competente e interessado no trabalho que faz. Rildo, por sua vez, é mais empreendedor do que o irmão. Constrói, em sociedade com um amigo, casas populares. Os irmãos não quiseram se escolher como sócios nesse novo negócio.

A questão do recebimento do mesmo pró-labore ainda não foi digerida pelo irmão mais novo (com o apoio da mãe), quanto à justiça do fato em si. Analisando o cenário com visão ampliada, temos:

- *Mazola emprega 100% de sua vontade, energia e conhecimento no desempenho de suas funções e gosta imensamente de trabalhar na empresa da família.*
- *Rildo tem outros interesses profissionais e acaba dividindo sua atenção e energia entre as diversas atividades que possui.*
- *Ao final de cada período, Rildo vê seu patrimônio pessoal crescer mais do que o de Mazola.*

Hoje em dia, o questionamento do irmão mais novo em relação a essa diferença de crescimento de patrimônio é do domínio do fundador. Não se tornou, ainda, uma questão entre irmãos/sócios. E se for analisado o futuro da relação entre esses sócios? E na provável falta do fundador?

LIÇÕES APRENDIDAS

A QUESTÃO está posta. Os irmãos diferenciam-se pela motivação no trabalho na empresa da família, pelas aspirações pessoais (o mais velho é um empreendedor, o mais novo prefere ser gestor de empresa), pela capacitação de cada um para o tipo de atividades que desempenham e talvez até pela fase que vivem.

A regra mais justa, que premia o mérito com que cada profissional dedica-se ao negócio em que trabalha (em empresas em geral, inclusive nas empresas familiares), é que seja dado tratamento desigual aos desempenhos desiguais. Em palavras simples:

- Funcionários que geram melhores resultados para uma empresa devem ser recompensados "em maior volume" (de dinheiro, de bônus, de ações motivacionais) do que aqueles que geram resultados menores.

- Funcionários que demonstram maior interesse em seu desenvolvimento profissional, ou são mais comprometidos com o projeto da empresa, devem receber maior volume de incentivos do que aqueles que não têm a mesma dinâmica de crescimento pessoal ou de dedicação ao negócio.
- Funcionários que cumprem as regras e as políticas da empresa, sem que com isso deixem de ser inovadores, criativos e geradores de valor para a empresa, devem ser reconhecidos por essa conduta. A situação inversa também é verdadeira.

Na prática, nas empresas familiares, isso dificilmente ocorre. Ao tentar não criar atritos entre irmãos, primos e parentes, os pais acabam optando pela solução mais fácil para eles, mas nem sempre a mais justa. Essas soluções podem resolver situações a curto prazo, mas podem criar problemas para o futuro. A recomendação para esses casos é incentivar o funcionário mais aplicado com um diferencial de salário ou equivalente.

Relações societárias mal planejadas

— TUDO BEM *em meus negócios, Eduardo. A família também está ótima! Estou passando a direção de meu negócio principal para meus filhos e criando dois outros empreendimentos, um deles com um amigo de infância que reencontrei há algumas semanas. Ele me fez uma proposta muito interessante para participar em uma de suas empresas, e eu topei. Confio muito nele e, fazendo algumas contas, vi que será um bom investimento. Não vou trabalhar na gestão do negócio, serei apenas acionista.*

Quarenta dias depois, um telefonema:

— Tudo bem, Eduardo? Preciso almoçar com você para conversar a respeito daquele novo negócio no qual estou investindo. Só agora obtive informações que deveria ter analisado antes de aceitar a proposta de meu amigo; estou em dúvida se devo continuar investindo.

No fim do almoço:

— Acho que fui um pouco precipitado. A oportunidade parecia muito interessante e a ocasião pedia que eu fosse rápido. Com isso, não me preocupei em analisar os aspectos dos quais falamos neste almoço. Deixei-me levar pela emoção.

LIÇÕES APRENDIDAS

QUAIS ASPECTOS devem ser planejados para que um empreendedor não crie relações societárias problemáticas?

Grande parte dos empreendedores tem pressa para "dar asas" ao seu impulso criador e não se cerca, muitas vezes, de cuidados básicos que devem ser seguidos antes de iniciar um empreendimento em sociedade com outras pessoas.

Os primeiros negócios do empreendedor, realizados décadas atrás, tinham carga de emoção menor do que a necessidade de que o empreendimento fosse um sucesso. O empenho dos empreendedores está ligado ao dia a dia do negócio, ao seu desenvolvimento e à transação com os primeiros fornecedores, clientes, bancos ou governo.

As situações inesperadas, mesmo as que podem gerar atritos por causa de divergências entre os sócios, eram superadas pela confiança mútua e pela quantidade de energia que o início do empreendimento solicita de seus idealizadores.

Curiosamente, a situação descrita ocorre com maior frequência do que se pode imaginar. Não é pequeno o número de sociedades entre conhecidos e amigos prejudicadas pela falta de análise inicial, realizada com clareza, dos pontos técnicos e jurídicos.

Muitos fundadores, logo após o afastamento da gestão de seus negócios principais ou durante esse processo, agarram-se à primeira oportunidade que aparece, na ânsia de conseguir uma atividade substituta para aquela que estão deixando.

As recomendações para assumir responsabilidades na criação ou participação em novos negócios são as que o bom-senso indica: avaliação técnica da oportunidade e dos riscos, análise conceitual dos futuros sócios, avaliação da relação custo-benefício da operação e redução da carga emocional.

O fundador morreu. E agora?

COM PESAR, *a família Minalberto informa o falecimento do senhor Antão Minalberto, fundador e CEO da Empresa de Táxi Aéreo Ltda. Sua esposa e três filhos darão continuidade aos negócios da família.*

LIÇÕES APRENDIDAS

O QUE DEIXA de existir nessa ocasião e poderia ter sido planejado antes desse acontecimento?

1 Justiça do fundador

Conforme já foi considerado neste livro, esse aspecto pode gerar conflitos de grande impacto negativo entre os membros da família.

2 Liderança na família e nos negócios

A competência para liderar grupos de pessoas (na família e na empresa) e negócios está, naturalmente, na personalidade do empreendedor-fundador. Essa é mais uma razão pela qual o processo de sucessão deve ser planejado também que diz respeito a criar a possibilidade de renovação das lideranças na família e na empresa.

3 Forte identificação da figura do fundador com a imagem institucional da empresa

É impossível deixar de haver uma forte ligação da figura do fundador com o nome e a imagem de seus negócios (para o bem e para o mal).

4 Administração dos aspectos estratégicos do futuro da empresa e tomada das principais decisões

Nem sempre os familiares mais próximos estão aptos a dar continuidade à obra do fundador. No Brasil e em outros países há casos conhecidos em que a esposa do fundador assume a condução dos negócios e o *status* da gestão operacional e estratégica do negócio não se altera. Sabe-se porém que, na maioria dos casos, essa não é a regra. Filhos e parentes próximos também podem se apresentar para essa empreitada. Nessas situações, igualmente, há exemplos de sucesso e outros de fracasso, documentados em todo o mundo.

5 Espírito empreendedor

Nem sempre essa qualidade fundamental do fundador é herdada pelos filhos e pelos demais membros da família.

O planejamento sucessório é a ferramenta estratégica que pode contribuir decisivamente para evitar problemas para o patrimônio também por ocasião desse tipo de acontecimento indesejável, mas real.

Valores da família retratados na gestão da empresa

A EMPRESA DE NOSSA FAMÍLIA, *Nagoya Ltda., fundada em 1969, fabrica produtos químicos específicos para ser utilizados em organizações hospitalares e de saúde em geral. Meus pais são os únicos donos; detêm 100% do capital da empresa. Ela tem estrutura enxuta. Os produtos, sempre renovados, são muito bem-aceitos pelo mercado.*

Sou o mais velho de três irmãos, formado em engenharia de produção em uma universidade de ótimo nível. Meus irmãos não trabalham na empresa.

Infelizmente, próximo à data em que eu completaria 26 anos, meu pai tomou a decisão de deserdar-me. Fez isso de acordo com os valores de nossas raízes culturais, diante de um erro que cometi. Fui obrigado a deixar meu posto de trabalho na empresa da família, o qual já ocupava há mais de cinco anos. Os funcionários não foram comunicados a respeito das verdadeiras razões de meu desligamento. Ficaram muito chateados e desmotivados, conforme o que fiquei sabendo por intermédio de um funcionário mais próximo de nossa família.

Tive de recomeçar minha carreira praticamente do zero. Procurei no mercado e consegui uma colocação de acordo com minha especialização e competência. Com a família, minha relação deteriorou-se quase totalmente, pois a maioria de meus familiares afastou-se de mim, por respeito à decisão de meu pai. Meus irmãos mantiveram-se, informalmente, ao meu lado.

Pouco tempo antes de sua morte, meu pai pediu que eu fosse visitá-lo e, nessa ocasião, perdoou-me. Depois disso, retomei meu lugar na família e na empresa.

Com o falecimento de meu pai dei um novo tom à administração da empresa, reaproximei-me de meus familiares e iniciei o processo de modelagem da governança corporativa. Após a concretização desse processo, tenho a expectativa de trazer meus irmãos para trabalhar comigo e apaziguar eventuais focos de possíveis conflitos na família.

LIÇÕES APRENDIDAS

AS FAMÍLIAS EMPRESÁRIAS, assim como as demais, estão sob a influência da cultura da região de origem dos fundadores, de suas opções religiosas e seu histórico familiar, entre outros aspectos.

Cabe exclusivamente à família analisar se a predominância dessas influências pode prejudicar seus negócios ou não. Nesse caso, a decisão do fundador não prejudicou os resultados e o crescimento da empresa.

A decisão do filho quanto a desenvolver um trabalho de governança é acertada. Terá, para o futuro, ferramentas para garantir a proteção do patrimônio paralelamente ao crescimento da família.

Uma constatação que essa narrativa confirma é a interdependência entre os negócios familiares e a família empresária. Os acontecimentos nos negócios influenciam a família e, principalmente, fatos ocorridos na família empresária impactam diretamente a instituição.

Família "protegida" por opção do fundador

O SENHOR APENEDO fundou a Telecomunicações do Brasil Ltda. no ano de 1959. Desde o início decidiu que todos os bens, despesas e investimentos dele, de sua esposa, dos três filhos e dos futuros herdeiros seriam registrados e contabilizados em nome da empresa da família, seguindo uma orientação de seu advogado de confiança e melhor amigo.

As residências dele e dos filhos (construídas e financiadas por ele), todos os veículos dos membros da família, seguros pessoais e dos imóveis e ainda despesas de todas as naturezas (como supermercados e cartões de crédito pessoais) sempre foram contabilizados na empresa da família. Essa decisão, porém, teve algumas consequências:

- *Funcionários da administração da empresa (funcionários não familiares) tinham conhecimento de todo o histórico de consumo e investimentos da família. Uma situação, no mínimo, bastante incômoda. Tecnicamente, um procedimento muito imprudente e não recomendável.*

- *Com o passar do tempo essa situação agiu como um anestésico na mente dos familiares, fazendo que se desinteressassem por conhecer a realidade das despesas periódicas que seus núcleos familiares realizavam. Provavelmente tinham gastos muito maiores do que o necessário, pois foram perdendo a sensibilidade para medir o nível ideal, e possível, de consumo em suas vidas diárias.*

- *A educação das crianças da terceira geração, netos do fundador, vivia uma situação artificial no tocante à relação com o dinheiro. Todos os seus pedidos eram atendidos.*

Uma análise rápida demonstrou que apresentavam perfil de consumo muito mais elevado do que as outras crianças da mesma faixa etária.

Com a morte do senhor Apenedo, houve necessidade de revisão desse modelo de administração de despesas e investimentos de todos os familiares. Foi preciso contratar uma assessoria para apoiar os membros da família nesse aspecto, com a missão de definir um valor mensal a ser enviado a cada um deles, para que despesas e investimentos fossem retirados da contabilidade das empresas da família.

LIÇÕES APRENDIDAS

O FUNDADOR TEM, normalmente, radar, GPS e rotas próprias. Dificilmente alguma pessoa consegue interferir ou modificar suas decisões sobre os caminhos que escolher para a empresa, para o patrimônio, para os filhos e para os demais membros da família empresária. Algumas vezes suas opções levam o patrimônio a navegar por águas não tão calmas. Nesse caso a família vai arcar com as consequências, principalmente após sua partida desta vida.

Na história aqui analisada, percebe-se que os membros da família renderam-se à autoridade do fundador. Mas essa situação também demonstra que eles se acomodaram, optando por manter e aproveitar-se do *status quo*, sem questionar o futuro nem a melhor forma de educar financeiramente as crianças da família. Permitiram a incômoda e perigosa situação de deixar que funcionários da empresa tivessem pleno conhecimento da situação financeira da família.

A recomendação nesse caso é mais do que clara. Atitudes como essa tendem a infantilizar os membros da família no tocante à vida e à administração do dia a dia. Os familiares devem conhecer as operações da empresa da família e participar delas. Quando os familiares estão alienados da situação real da empresa e recebem tudo de que precisam sem necessidade de administrar a própria vida, cria-se uma situação futura muito difícil para toda a família.

O papel dos agregados

– Meus dois cunhados trabalham na empresa de nossa família há mais de cinco anos. Confiamos na competência e idoneidade de ambos. Cada vez mais assumem novas responsabilidades nos processos da empresa. Nas ocasiões em que a família está reunida, ou quando visitamos a casa de minhas irmãs, o tratamento entre nós é idêntico ao dos demais membros da família.

***

– *O marido de nossa irmã não é uma pessoa confiável. Meu irmão e eu temos consciência de sua influência nas ocasiões em que nossa irmã precisa fazer opções a respeito do patrimônio da família. Nossa mãe nos conta da pressão que ele exercia para que nossa irmã tomasse caminhos diferentes da orientação de meus pais sobre fatos que envolviam o noivado deles.*

***

– *A esposa de meu irmão mais novo tem muito ciúme de minha irmã. Ela influencia na relação e no desempenho de nosso irmão na empresa. Ficamos de mãos atadas em diversas ocasiões nas quais precisamos do apoio dele para decisões que devem ser tomadas na empresa e não conseguimos que fique do nosso lado.*

***

– *Tenho graves problemas com o comportamento de meu genro na empresa. Não confio em sua competência nem em sua forma de agir. No entanto, meu sócio o apoia incondicionalmente. Temo pelos acontecimentos a partir do momento em que eu não estiver mais presente em minha família.*

LIÇÕES APRENDIDAS

O AGREGADO é aquele que convive com uma família como se dela fizesse parte, mesmo não sendo parente. Poucos agregados e membros das famílias empresárias apreciam essa denominação. Uma reação comum e legítima é fazer do fato uma questão leve, bem-humorada. Em algumas famílias as pessoas brincam com o termo, fazem graça. Em outras o termo não é sequer mencionado.

Como já foi apresentado neste livro, a empresa familiar é também um fenômeno social. Nas últimas décadas, muitos valores, rituais e hábitos vêm sendo modificados na sociedade. Um dos problemas que mais ocorrem é o movimento de entrada e saída dos agregados, por ocasião dos divórcios e novos casamentos. É importante que se discuta, em uma família empresária, o impacto de uma separação malconduzida ou de um novo casamento após uma separação.

Por exemplo: um membro da família, divorciado e com filhos, casa-se novamente com uma pessoa que já teve filhos em uma relação anterior. Dessa situação pode surgir uma série de embates. É possível que também ocorram conflitos nos casos em que o agregado é o marido ou a esposa de um dos membros da família e ambos trabalham na empresa. As conversas noturnas podem girar em torno do que acontece na empresa durante o expediente. Opiniões podem se tornar pressões para que os familiares modifiquem seu comportamento no ambiente de trabalho. Mais uma vez: os modelos de governança, corporativa e familiar, muito contribuem para reduzir os impactos negativos de eventuais problemas nesse aspecto.

Primos muito distantes da empresa (terceira geração)

– Nossa empresa é multifamiliar: *duas famílias detêm o controle de seu capital. Os avós tiveram 11 filhos. Em 50 anos somos, hoje, aproximadamente 130 familiares. Nosso núcleo familiar é formado por seis pessoas: meus pais e quatro filhos. Eu trabalho em um banco de investimentos, mas um de meus irmãos trabalha na empresa da família. Meus irmãos e eu procuramos sempre nos informar a respeito do que acontece na empresa. Alguns de nossos primos e dos filhos da outra família-sócia demonstram interesse em conhecer a situação e os resultados da empresa. No entanto, a maioria dos herdeiros não se interessa por saber os rumos da empresa ou, ao menos, não o demonstra. Meus irmãos e eu sempre conversamos sobre como será o futuro das relações entre os herdeiros-sócios. Hoje em dia, até onde meus irmãos e eu temos conhecimento, não há questões ou conflitos ameaçando a paz da família. Mas estamos cientes de que situações como essa podem ocorrer a qualquer momento.*

LIÇÕES APRENDIDAS

O FUTURO DE TODAS as empresas familiares depende das novas gerações, os herdeiros. Eles vão precisar optar claramente pela forma como desejarão se comportar diante do patrimônio da família, que pode ser trabalhando na gestão da empresa da família, atuando como membro de um dos conselhos ou mantendo-se no papel de acionista.

A atitude que mais ameaça o patrimônio da família empresária é o distanciamento, a indiferença, a negação da responsabilidade como herdeiro e futuro sócio dos membros das novas gerações.

Nesses casos, a família deve entender que o conjunto de parentes forma uma corrente cuja força se iguala à de seu elo mais fraco. Para que mantenha a saúde do processo de sucessão, deverá dedicar esforços na direção de trazer os membros mais distantes para mais perto da discussão dos destinos do patrimônio.

Funcionários não familiares na empresa familiar

— *Davi é meu funcionário de confiança. Além de ser meu motorista particular, faz pequenos serviços necessários para muitos familiares. Certa ocasião minha esposa questionou o porquê de seu salário ser tão alto – na opinião dela, claro. Tive de demonstrar, com exemplos práticos, que todos os pequenos serviços que Davi presta à nossa família teriam de ser feitos por ela, ou por nossos filhos, caso não contássemos com a boa vontade e a confiabilidade dele. Com isso, chegamos a um denominador comum, concordando que o trabalho do Davi nos é essencial.*

***

— *Tenho o imenso prazer de lhe apresentar o Teixeira! Teixeira, diga ao nosso convidado de honra há quanto tempo trabalha nesta casa!*

— *Trinta e cinco anos, doutor Tesco.*

— *Trinta e cinco anos, viu? Um exemplo de fidelidade e competência! Trinta e cinco anos à frente do departamento de contabilidade! Um gênio dos razonetes!*

A pergunta que cabe aqui é a seguinte: "O Teixeira tem 35 anos de experiência ou 35 vezes um ano de experiência?" Porque na área de contabilidade as atividades realizadas no primeiro ano repetem-se para todos os demais! Claro que existem as exceções em que o profissional busca sempre o aprimoramento das

*técnicas e as mais modernas inovações. A outra colocação pos-
sível é: "É justo manter uma pessoa durante toda uma vida, fazendo as mesmas tarefas, sem lhe mostrar novas possibilidades
de desenvolvimento de carreira?"*

*Hoje em dia esse exemplo é cada vez mais raro. Mas, caso uma
empresa familiar identifique uma pessoa nessas condições em
uma das áreas de sua empresa, será preciso refletir e tomar uma
decisão modernizadora (e até mais humana) a respeito do fato.*

***

*– Apresento-lhe dona Cianinha, minha secretária há mais
de 20 anos! Pelo meu olhar, já sabe do que estou precisando!
(Muitas vezes, pelo berro com que o fundador pede sua ajuda lá
da sua sala!) Se for preciso, dona Cianinha atende aos meus telefonemas mesmo que sejam três horas da manhã. Como ela
existem vários funcionários leais e confiáveis que trabalham comigo desde a fundação da empresa! Fale com eles! Pergunte a
opinião a meu respeito! Sou um verdadeiro pai para eles!*

LIÇÕES APRENDIDAS

NEM SEMPRE A LEALDADE é acompanhada de um "gostar",
mas de uma necessidade de manter o emprego. Foi-se o
tempo em que a lealdade era moeda de troca. Atender

ao patrão a qualquer hora do dia ou da noite também não faz parte das melhores práticas de administração. Existem perfis profissionais específicos que estão com famílias empresárias há anos. Em certo sentido, pode-se dizer que é uma relação "ganha-ganha". Mas, analisando do ponto de vista de desenvolvimento de carreira e dos perfis profissionais das novas gerações, esses formatos não se sustentarão a médio prazo.

Esse tipo de funcionário (não familiar) tem um perfil específico. São profissionais com competência técnica aliada à baixa taxa de aversão ao risco. Eles sabem que seus empregos, em muitas ocasiões, estão em jogo não por falta de competência, mas por idiossincrasias da família empresária que podem resultar em sua demissão.

A causa seriam os choques internos da família: irmãos, primos e parentes não conseguem solucionar um conflito entre eles e partem para a revanche contra o parente que "lhe fez uma desfeita", pressionando para que o funcionário mais próximo ao seu desafeto seja demitido.

E onde ficam, nesse contexto, os princípios da retenção de talentos? Infelizmente o lado emocional quase sempre prevalece em conflitos não resolvidos ou com soluções que não atendam a uma das partes envolvidas.

Formação do herdeiro para o papel de sócio

O AVÔ FALECEU *há dois anos. A avó, dona Sílvia, concluiu que toda a família precisaria estar mais envolvida com a empresa e, para tanto, teria de conhecer melhor sua história. Contratou uma assessoria e convocou todos os familiares para, em alguns sábados, reunirem-se para um trabalho de difusão detalhada da história da criação e do crescimento da empresa da família. Esse trabalho resgatou a convivência e os laços familiares "esgarçados" com a morte do fundador; resgatou também a unidade da família em torno da avó. Rapidamente mais familiares se interessaram em trabalhar nos negócios e se revelaram profissionais competentes e colaboradores no desenvolvimento das empresas do grupo.*

Somando todos os membros atuais dos núcleos familiares, chegou-se ao número aproximado de 180 pessoas. Várias trabalham na empresa. A família organiza reuniões gerais com todos os membros a cada três ou quatro anos.

LIÇÕES APRENDIDAS

UMA DAS PREOCUPAÇÕES da família empresária é levar informação em abundância para os núcleos familiares e providenciar para os herdeiros, além da educação padrão, sua formação para o papel de sócios, o qual vão desempenhar dentro de alguns anos.

O futuro da empresa familiar está nas mãos das novas gerações que se sucedem na administração dos negócios. É necessário atenção para a formação dos jovens.

O resgate do histórico familiar e a união de todos os membros (ou da maioria deles) em torno dos valores e da cultura familiar aumentam as chances de sobrevivência dos negócios e perpetuação do patrimônio. A recomendação, nesse caso, é investir tempo e recursos para que todos os membros conheçam o projeto dos negócios da família.

O exemplo de dona Sílvia deve ser seguido pelas famílias empresárias.

Agendas ocultas entre familiares-sócios

DONA ELZA é viúva do fundador falecido há dois anos e meio. Passou a ser a acionista majoritária e diretora geral da Fábrica Nacional de Máquinas Ltda. Sua maior dificuldade nesse cargo é o fato de nunca ter trabalhado na fábrica, bem como a falta de informações sobre o negócio.

O fundador não conversava com a esposa sobre os negócios da família. Costumava dizer a ela que não queria levar os problemas da empresa para dentro de casa. Seus três filhos, José, Armando e Núbia, foram superprotegidos na relação com o fundador até sua morte.

Nas relações de trabalho com os filhos, o fundador definiu os cargos que ocupariam na gestão da fábrica, os períodos e as épocas em que poderiam folgar sem descontos em seus salários – que, por sinal, eram definidos por ele para cada filho – e o valor do complemento salarial (mesada) que dava a cada um. O último item era negociado por ele com cada filho, à medida que surgisse uma "necessidade especial" ou nas ocasiões em que lhe apresentassem argumentos válidos para explicar um acontecimento fortuito em suas vidas.

Com a morte do fundador iniciou-se uma série de pequenos conflitos não explícitos entre os irmãos. Um especialista em psicologia explicou a dona Elza que a postura do pai diante das vontades dos filhos infantilizou a relação entre eles. Dona Elza não consegue ter pulso firme para reverter a situação. Felizmente, há algum tempo foi desenvolvido o acordo de acionistas, formalizando as regras e os compromissos entre todos os sócios-herdeiros e limitando atuações que poderiam comprometer o patrimônio.

Há aproximadamente seis meses, os dois "meninos" estão se desentendendo mais do que o normal. A mãe lembra que, quando adolescentes, os dois se opunham em quase tudo o que faziam. Pois bem, parece que agora voltaram a ter esse padrão de comportamento. Um dos fatos que acirraram os desentendimentos foi uma venda feita por Armando a um cliente sabidamente inadimplente. Armando não solicitou aprovação do negócio ao departamento financeiro, dirigido por José, seu irmão, como de praxe. Se tivesse feito isso, a venda não teria sido aprovada.

Dona Elza foi obrigada a mediar o conflito. Em seu veredicto, obrigou Armando a ressarcir a empresa pelo prejuízo com a venda do equipamento. Armando obedeceu à mãe e, em seguida, pediu demissão da empresa. Pouco tempo depois, há menos de dois quilômetros da sede da Fábrica Nacional de Máquinas Ltda., foi instalada por Armando uma oficina restauradora de máquinas; na prática, um concorrente da empresa da família.

LIÇÕES APRENDIDAS

A SITUAÇÃO QUE Armando criou abrindo uma empresa concorrente ao negócio da família estava prevista no acordo de acionistas, em uma cláusula que dizia algo como: "Nenhum membro da família poderá criar, unilateralmente, negócio concorrente aos empreendimentos da família". Com essa situação, Armando passou a ter uma agenda oculta, criando uma companhia no mesmo ramo da empresa da família.

Questionado, Armando informou que seu novo negócio era apenas uma empresa de assistência técnica e retificação de máquinas, não uma fábrica. Até hoje essa situação ainda não foi resolvida. Dona Elza tem gerenciado esse conflito com muita calma, instruída por seus advogados a evitar que José e Armando recorram à justiça para solucionar o caso. Familiares em conflito devem evitar, ao máximo, ações judiciais em torno do patrimônio.

A recomendação para esse caso parte da observação do fato de que uma regra do acordo de acionistas, assinado por todos na família, foi quebrada por um dos irmãos. Essa atitude gerou a perda de confiança em um instrumento instituído para dar segurança ao futuro do patrimônio da família.

A causa desse acontecimento está na imaturidade dos dois irmãos em conflito. A família deve conhecer o nível de maturidade de seus principais integrantes e ter recursos para administrar conflitos que os envolvam, sob pena de serem criadas situações que ameacem o patrimônio, muitas vezes de forma irreversível.

Tamanho da família *versus* conflitos potenciais

A FAMÍLIA SOUZA é formada por dez filhos com idades variando entre 35 e 58 anos. O fundador dos negócios da família atualmente tem 91 anos, trabalha todos os dias e viaja pelas filiais da empresa quase todos os meses. Sua esposa tem 85 anos. O filho caçula casou-se há três anos, não tem filhos. Os demais irmãos casaram-se em outras épocas; alguns já se descasaram e têm novos relacionamentos. Seus filhos, os netos dos fundadores, têm idades que variam entre 2 e 19 anos.

A maior parte dos filhos administra o aspecto financeiro de suas vidas tendo como base o patrimônio da família, com forte ligação com os pais. Existem conflitos localizados, algumas tensões, mas nada muito grave. A família conta, hoje, com 83 pessoas, sendo 15 na terceira geração (primos).

***

A família Wingdough é formada pelos pais e dois filhos casados. O rapaz é o irmão mais velho, tem um filho e é o diretor da empresa. A filha casou-se no ano passado, não tem filhos e não trabalha. O pai, fundador dos negócios da família, tem 61 anos e trabalha na empresa, diariamente. Contando com os demais membros, a família conta, hoje, com 12 pessoas.

LIÇÕES APRENDIDAS

QUANTO MAIOR A FAMÍLIA, maior sua complexidade. Famílias grandes apresentam potencial maior para conflitos e situações difíceis, além de gerar maior dispersão do capital entre seus membros. Recomenda-se que as famílias empresárias esclareçam seus membros a respeito dos ônus e bônus relativos ao tamanho dos núcleos familiares.

Um exemplo: o caso de dois irmãos casados, em que um deles tem cinco filhos e o outro somente dois. O núcleo familiar menor pode, por hipótese, colocar seus filhos para estudar nas melhores escolas da cidade, sem dificuldades financeiras para saldar tal investimento. O outro irmão provavelmente não conseguirá manter o mesmo padrão para os cinco filhos.

Normalmente isso gerará um pedido de ajuda aos pais (fundador e esposa), que, com prazer, farão um complemento financeiro para que os netos possam estudar em escolas de melhor nível de ensino.

Ao final de alguns anos essa situação vai gerar desigualdade na distribuição de valores entre os dois irmãos. No futuro, essa situação poderá gerar conflito entre os irmãos, decorrente de uma situação em que os pais apoiaram financeiramente somente um dos filhos.

Seu tio prejudicou seu pai

EIS UMA CONVERSA *entre dois primos, Enzo e Franco, terceira geração da família Kerença. Eles trabalham na empresa da família há algum tempo.*

– Franco, minha mãe sempre comenta que seu pai prejudicou o meu pai. Esse assunto é comentado há anos lá em casa,

nos cafés da manhã, nas pizzas dos sábados, em alguns almoços e jantares.

— Enzo, eu só queria saber que prejuízo meu pai causou ao seu pai, mas ninguém sabe dizer o que é, ou não quer dizer.

— Pelo que entendi, Franco, isso aconteceu há mais de 15 anos!

— O importante é estarmos conversando sobre o assunto, com calma.

— Como não sei do que se trata, nem você, o melhor é afogarmos o assunto nesta cerveja e deixarmos para lá de uma vez, não acha?

— Acho que você tem razão. Assunto encerrado!

LIÇÕES APRENDIDAS

CONFLITOS NÃO RESOLVIDOS em uma geração podem passar para a geração seguinte. Esse é um caso que ilustra um roteiro comum às famílias empresárias: mágoas antigas.

Em um cenário complexo por definição – uma família empresária –, mágoas dessa natureza contribuem para aumentar ainda mais a vulnerabilidade das relações familiares.

Essa passagem, também real, traz vários ensinamentos para membros de famílias empresárias acerca da forma como tratar assuntos que circulam na família há muito tempo, sobre os quais ninguém tem detalhes, mas que podem ter consequências de proporções que ninguém consegue avaliar, ameaçando a paz na família e, consequentemente, o patrimônio.

Nessa família, em particular, o pai de Franco é filho do fundador. O pai de Enzo é agregado, marido de uma das filhas do fundador. Trabalharam juntos na empresa da família por muitos anos e colocaram os filhos, Franco e Enzo, ainda bem jovens, para trabalhar na empresa.

No dia em que essa conversa aconteceu, os dois primos estavam em um momento de *happy hour*, na saída do trabalho. No papel de herdeiros e futuros sócios, acertaram os pontos de vista. Conflitos não solucionados por uma geração são herdados pela geração seguinte. No fato narrado, se Franco e Enzo não esclarecessem o fato (a lenda) ocorrido na geração anterior, carregariam para sua geração os efeitos do problema.

Um "estranho" para tomar conta do caixa da empresa?

RAQUEL, ESPOSA *do senhor Rodrigues, é cofundadora da Centro- -Americana de Refeições Ltda. Entre as responsabilidades de seu cargo estão a conciliação bancária e a assinatura de cheques de toda a empresa. Faz esse importante trabalho há 22 anos.*

A empresa tem 150 funcionários, 11 lojas franqueadas e planos de crescimento acelerado a médio prazo. Na opinião de Raquel, não fosse seu trabalho, a empresa não teria o porte e a saúde financeira que mostra hoje.

Raquel tem outros planos para sua vida pessoal, sofre de um problema sério na coluna e já não consegue permanecer à frente do departamento financeiro da Centro-Americana de Refeições Ltda., de 11 a 12 horas por dia, como sempre fez. Surge a pergunta: "Quem, na família, poderá substituir Raquel?"

Rodrigues complementa:

– Para mim é um grande problema. Minha esposa precisa de descanso e ao mesmo tempo quer estar mais livre para curtir os netinhos. Isso é justo! Ela merece! Já tentei convencer meu filho mais novo, mas ele é engenheiro e não quer trabalhar na área financeira da empresa. Não tenho em mente nenhum outro parente para ocupar esse cargo e não posso deixar o dinheiro ser controlado por terceiros!

LIÇÕES APRENDIDAS

ESSA DÚVIDA ASSOMBRA várias famílias empresárias em todo o Brasil. Muitos fundadores e membros da família não conseguem pensar "fora da caixa", imaginando que a área financeira possa ficar nas mãos de outras pessoas que não um parente competente e confiável.

Uma missão dos integrantes das novas gerações das famílias empresárias, que possuem mente mais aberta para as mudanças, é entender a respeito de sistemas de gestão de contabilidade, controladoria e auditoria e conhecer os sistemas que permitem às empresas controlar suas operações mais sensíveis trabalhando com profissionais contratados no mercado.

As multinacionais controlam suas subsidiárias nos diferentes hemisférios sem que um parente do acionista principal esteja em cada posto importante das empresas. São esses os sistemas de controle que permitem às empresas não ter seu sistema financeiro burlado pelos executivos contratados ou por quadrilhas internas formadas por funcionários, o grande temor da família empresária.

Pensando racionalmente: se milhares de empresas, inclusive multinacionais, podem administrar suas estruturas e suas subsidiárias a longa distância, as famílias empresárias podem seguramente controlar seus próprios negócios a alguns metros de distância sem ter a necessidade de colocar um membro da família em cada cargo de confiança.

Conclusão

AO LONGO DESTE LIVRO foram examinados conceitos e apresentados fatos reais que questionam as noções e as práticas de conduta das empresas familiares.

Praticamente todos os livros e textos escritos por especialistas de todo o mundo sobre esse tema a que tive acesso nas duas últimas décadas têm como objetivo o desejo de que proprietários e dirigentes de empresas familiares tenham maior consciência de si mesmos no comando de seus negócios, para que consigam levá-los à superação dos dilemas que afligem as famílias empresárias e, na maioria dos casos, são a causa do encerramento de suas atividades. Este livro não é uma exceção a essa constatação.

Estudos como o desenvolvido pelo International Institute for Management Development (IMD)[8] apontam que as empresas familiares geralmente apresentam melhores desempenho e operação do que as outras. Isso é surpreendente, pois supõe-se que nessas empresas a tendência seja concentrar o patrimônio pessoal e reduzir o nível de exposição ao risco da rentabilidade da empresa.

Os dados coletados demonstram o contrário, pois a possibilidade de investimento a longo prazo dessas empresas permite

[8] Disponível em: <http://www.imd.org>. Acesso em: 6 jul. 2011.

parâmetros de risco diferenciados. O fato de a maior parte do patrimônio pessoal de alguns membros da família estar vinculada à empresa libera os familiares-gestores para assumir o nível de risco adequado à organização. O estudo também apresenta fatores cuja combinação possibilita que o desempenho e a operação das empresas familiares sejam melhores que os das similares não familiares:

1   Os membros sucessores possuem conhecimento íntimo do negócio da família e da filosofia/valores do fundador.

2   O reflexo dos sonhos, o caráter e os pensamentos de uma pessoa (o fundador), aliados à natureza única da empresa familiar, convertem-se em fonte de vantagem competitiva.

3   As famílias que possuem negócios estão interessadas em algo mais do que fazer dinheiro. Seus interesses são mais abrangentes quando se referem à sociedade como um todo: meio ambiente, convicções religiosas, bem-estar dos funcionários e integridade de atuação no mercado, entre outros.

4   Inúmeros anos de experiência à frente e ao lado de um negócio fazem que os familiares-gestores da empresa adquiram agilidade para dirigir, com habilidade ímpar, objetivos conflitantes e conceitos aparentemente diferentes.

5   O conjunto de familiares atua como um síndico da família e da empresa, instituindo políticas de contratação de pessoas e preservando o segredo de seu sucesso para as gerações futuras.

Mas esse conjunto de informações e experiências não poderia terminar por aqui. A dinâmica da sociedade moderna e dos processos das empresas não permite que um livro esgote o tema em apenas algumas páginas. A troca de informações abrangentes e importantes entre nós deve continuar. Você encontrará essa continuidade no endereço <http://www.macrotransicao.com.br> ou mande sua dúvida para o e-mail ernajjar@macrotransicao.com.br.

Obrigado por prestigiar essas ideias e boa sorte!

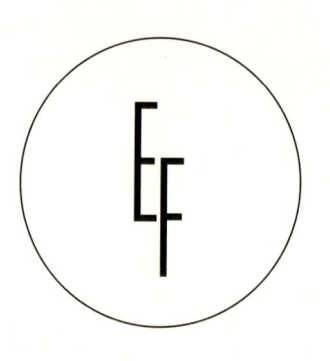

Bibliografia

ARONOFF, Craig E.; ASTRACHAN, Joseph H. e WARD, John L. *Developing family business policies*: your guide to the future. Marietta: Family Enterprise Publisher, 1998.

A saga dos Diniz: a transformação do Grupo Pão de Açúcar nas palavras de seu presidente. *Revista ESPM*, v. 11, ano 10, set./out. 2004. Transcrição da palestra proferida por Abílio Diniz aos alunos da ESPM-SP em 17 ago. 2004. AVIV, Juval. *Staing safe*: the complete guide to protecting yourself, your family & your business. Nova York: Harper Collins Publishers, 2003.

BELLOW, Adam. *In praise of nepotism*: a natural history. New York: Doubleday, 2003.

BORK, David. *Working with family business:* a guide for professionals. San Francisco: Jossey-Bass, 1995.

BUCHHOLZ, Barbara B. *The family business answer book*. New Jersey: Prentice Hall Press, 1999.

DE VRIES, Manfred F. R. K. *Family business*: human dilemmas in family firm. Thomson Business, 1996.

DRUCKER, Peter F. *The practice of management*. New York: Harper & Row, 1954.

GRACIOSO, Francisco. *Empresas familiares*: primeiro a modernidade, depois a profissionalização. *Revista ESPM*, v. 11, ano 10, set./out. 2004.

KENYON-ROUVINEZ, Denise. *La succession dans l'entreprise familiale*. Ed. d'Organisation, 2005.

LEWIN, Kurt. *Problemas de dinâmica de grupo*. São Paulo: Cultrix, 1970.

LODI, João Bosco. *Nova empresa para os anos 90 – Lições da década perdida*. São Paulo: Pioneira, 1998.

LODI, João Bosco. *Ética na empresa familiar*. São Paulo: Pioneira, 1994.

LODI, João Bosco. *Sucessão e conflito na empresa familiar*. São Paulo: Pioneira, 1987.

LODI, João Bosco. *A empresa familiar*. São Paulo: Pioneira, 1993.

LODI, João Bosco. *Fortalecimento da empresa familiar*. São Paulo: Pioneira, 1984.

NAJJAR, Eduardo (coord.). Entrevistas com fundadores de empresas familiares. *Instituto MacroTransição – ESPM*. Entrevistados: Mássimo Bauducco, Mário Ceratti, Pedro Herz, Francisco Canato, Renato Guazzelli, Anete Serber, Carlos Augusto Montenegro, Gabriela e Constanza Pascolato. jan. 2006/mar. 2010.

NAJJAR, Eduardo e ADACHI, Pedro. *Berço de empreendedores*: a verdade sobre a empresa familiar. *Revista ESPM*, v. 17, ano 16, maio/jun. 2010.

NAJJAR, Eduardo e GRACIOSO, Francisco. Entrevistas diversas. *Revista ESPM*. v. 17, ano 16, maio/jun. 2010.

PIEPER, Torsten M. e ASTRACHAN, Joseph H. *Mechanisms to assure family business cohesion*. Peter Lang GmbH, 2007.

SCHWASS, Joachim *et al. Wise wealth*: creating it, managing it, preserving it. London: Palgrave Macmillan, 2010.

WARD, John (org.). *Unconventional wisdom:* counterintuitive insights for family business success. John Wiley & Sons, Inc., 2005.

WARD, John. *Creating effective boards for private enterprises*. San Francisco: Jossey-Bass 1991.

WILLIAMS, Roy O. e PREISSER, Vic. *Preparing heirs:* five steps to a successful transition of family wealth and values. San Francisco: Robert D. Reed Publishers, 2003.